다양성 시대

이종구

저자 이종구

전자공학을 전공한 공학도로 삼성전자에서 엔지니어로 시작, LG전자를 거쳐 이후 노키아, 오라클 등 글로벌 IT 기업에서 비즈니스 경력을 쌓았다. 최근에는 글로벌 IT기업인 'NICE'와 '제네시스 코리아'에서 한국 지사장을 역임했다.
직장 생활과 동시에 MBA와 경영학 박사를 수학하면서 '다양성(Diversity)'을 처음 접하고, 이후 다양성을 기업 경영에 접목시킬 수 있는 전략을 찾아 여러 논문을 발표했다. 2015년에 다양성 중심의 기업 전략서인 〈다양성 전략(Diversity Strategy)〉을 발간하고 다양성 설파에 나서고 있다.
현재 산업통상자원부 자문위원과 서울과학종합대학원 겸임교수를 맡고 있다.

표지 및 삽화 이연우

선화예술학교를 졸업하고 선화예술고등학교 재학 중 도일, 현재 무사시노 미술대학 유화학과 재학 중이다.

추천의 글

글로벌 IT 업계에서 적지 않은 족적을 남긴 이종구 대표와 나는 학교 선후배 지간이자 인생이라는 긴 여정의 조력자로 인연을 이어오고 있습니다.

평소 사회현상과 인간상의 본질에 대해 대화를 주고받았던 기회들마다 보여준 저자의 깊은 통찰력에 감탄할 때가 많았던 터라, 이번 신간은 기대를 품고 일독하게 되었습니다.

이 책이 담고 있는 과거와 현재, 그리고 미래의 인간상과 사회변화, 그리고 조직이 나아갈 방향에 대한 작가의 통찰력은 제가 기대했던 것 이상의 인사이트를 보고 배울 수 있었습니다.

이 책을 접하는 독자들 또한 한발 앞으로 다가온 4차 산업혁명시대의 조직과 인간상의 변화에 대해 한번쯤 고민하고, 그에 맞는 준비를 할 수 있는 기회를 가졌으면 합니다.

수십 년 간 IT 전문가로서 기술과 조직, 인재들을 경험한 작가의 깊은 고민의 결과물인 이 책은 직장인은 물론, 취업을 준비하는 학생들에게도 큰 도움이 될 것입니다.

이 한권의 책이 많은 사람에게 힘이 될 수 있기를 소망합니다.

2019년 4월

국회의원 임재훈

글머리에

4년 전, 생애 최초로 발간한 '다양성 전략'이 주변의 지인들로부터 그리 좋은 반응을 얻지 못했다. 책이 너무 학술적이어서 논리나 흐름을 따라가기 어렵다는 의견이 대부분이었다. 필자 스스로도 발간을 앞두고 논문인지 경영 전략서인지 애매모호했던 기억이 있어 괜한 현학적 허세를 부린 건 아닌지 반성하고 있다. 덕분에 그 책은 초판 인쇄로 묻히게 되었다.

그래서 이번에는 다양성의 현실 속으로 들어가 보기로 했다. 다양성의 틀 안에서 실제로 벌어지는 우리 사회의 이야기들과 우리 기업의 이야기들을 말하려고 한다. 그에 따라 다양성에 대한 실천적 원리들을 쉽게 이해하고 응용할 수 있는 칼럼들로 엮어 보았다.

본서의 전반에 흐르는 주제는 물론 '다양성'이다. 누가 뭐래도 이제는 '다양성의 시대'가 되었고, 그것이 우리의 미래가 될 것이다. 다시 말해 우리의 미래는, 현재의 다양성 시대를 어떻게 다루느냐에 따라 달려있다는 의미다.

본서의 Part 1은 '공존(共存), 그리고 다양성', Part 2는 '비즈니스, 그리고 다양성'이라는 소제목으로 구성했다. Part 1은 다양성을 테마로 정치, 경제, 교육 등 우리 사회의 여러 현상과 문제점을 다루었다. 일상 속에서 벌어지는 여러 다양성의 사례들을 기반으로, 근본적인 다양성 인식의 문제로부터 다양성의 프레임 안에서 발견되는 이야기들을 함께 나누고자 했다.

Part 2는 다양성의 경영학적 내용을 중심으로, 기업 비즈니스에서 나타나는 여러 사례들을 소개했다. '기업과 리더에게 다양성 전략이 왜 필요한가?' 하는 근본적인 질문으로 시작하여, 다양성 전략이 기업의 경쟁력과 지속가능성에 왜 중요한 요구사항이 되는지 또한 기업의 장 단기적 성장에 어떤 역할을 할 것인지 등 핵심이 될 만한 실천적 원리들을 제시하고자 했다. 무엇보다도 오늘의 글로벌 시대에 전략적 다양성을 이끄는 리더의 역할이 어떤 것인지에 특별히 많은 지면을 할애했다.

본서의 기반이 되는 다양성의 다양한 정보들은 일찍이 다양성을 중시하고 발전시킨 미국과 서유럽의 저널들을 주로 참조했다. 특히 하버드 비즈니스 리뷰Harvard Business Review에서 많은 도움을 받아 여러 스펙트럼의 다양성을 소개하려고 노력했다. 어떤 독자에게는 일관성 없는 다양성의 잡학사전처럼 느껴질지도 모르겠다. 하지만 그것도 다양성의 견지에서 이해해주기를 바란다.

2019년 4월

방이동에서 이종구

목차

Part 1. 공존共存, 그리고 다양성

Part 2. 비즈니스, 그리고 다양성

Part 1

공존共存, 그리고 다양성

세수를 안 해서 그런 거야

"세수를 안 해서 그런 거야"

지하철에서 한 아이가 어느 외국인을 보면서 엄마에게 '왜 저 아저씨는 저렇게 까매?'라고 물었을 때 엄마의 답변이란다. 이것은 얼마 전 모 케이블 방송사의 프로그램에 참여한 14세의 황 모 군이 경험한 이야기다. 한국인 아버지와 가나인인 어머니 사이에서 태어난 황 모 군은 검은 피부와 짙은 곱슬머리를 지녔지만, 한국에서 태어났고 모국어가 한국어인 한국인이다. 불행히도 2008년에 어머니가 병으로 세상을 떠나고 이후에 아버지마저 스스로 목숨을 끊어 이제 고아가 되었다.

하지만 그에게는 고아가 된 상황보다도 더 걱정스러운 것이 있다. 그것은 앞으로 헤쳐 나가야 할 사회적 차별이다. 그는 어릴 때부터 놀림의 중심이 되었고, 성인이 되어가는 과정에서도 다른 피부색이나 생김새 때문에 쉽게 한국인으로 받아들여지지 않을 것이라 낙담하고 있었다. 지하철의 그 아이는 어떠한가? 앞으로 자라면서 자기와 다른 피부색의 사람을 보면 엄마의 말을 떠올리게 될 것이다. 왜곡된 시각으로 인해 성인이 되어서도 무의식적으로 자기와는 조금 달라 보이는 - 황 모 군 같은 - 사람에 대해 부정적인 편견을 가질 수 있다.

여기 또 다른 사례가 있다. 최근 청소년의 폭력문제가 도를 넘어 사회적인 문제가 된다는 소식을 자주 접한다. 특히 새 학년 새 학기가 시작된 처음 한 달 동안이 제일 심하다고 한다. 왜 그럴까? 소위 '학급 짱'이 결정되는 시기라서 그렇단다. 학급 내 동질화된 문화와 의식을 만들어가는 과정에서, 계급은 필수적이고 '짱'이 결정되어야 비로소 학급에는 평화가 찾아온다. 이런 분위기에서 다름을 추구한다는 것은 소위 '왕따'가 되는 지름길이다.

그림 이연우

앞의 두 사례를 보고 대다수의 전문가들은 심리학적, 정신의학적인 원인을 얘기하고 솔루션을 제시한다. 그러나 필자는 이를 다양성의 문제로 본다. 즉 서로의 다름을 인정하지 않는 것부터가 가장 큰 원인이다.

오래전부터 우리는 단일민족임을 자랑스럽게 여기며 집단문화의 단결성을 미덕으로 생각해왔다. 많은 외침과 분쟁들을 경험하고 분단이라는 특수한 현실 속에서 집단의 단결과 민첩성이 무엇보다도 중시되었고, 이로 인해 군사문화의 엄격한 계급주의가 파생되었다. 그 결과, 집단주의가 사회 대부분의 조직에 막대한 영향을 미치게 되었다. 그리고 집단주의에 익숙한 기성세대로부터 가정교육을 받고 자라는 아이들 역시 부지불식간에 경직된 집단 공동체의식을 그대로 이어가게 된다.

이런 분위기 속에서 개개인의 다양성을 인정하는 미덕은 점점 뒷전으로 밀릴 수밖에 없다. 실제로 학교든 회사든, 심지어 가정에서도 그 구성원의 행동, 의식, 생김새 등이 약간이라도 남들과 다르면 왕따로 몰리기 십상이다. 세계적으로 다양성 존중이 화두가 되는 시대에, 이를 역행하는 안타까운 현실을 벗어나기 위해서는 지금부터라도 다양성에 깊은 관심을 가져야만 할 것이다.

우리가 다양성을 본질적으로 이해하기 위하여 주목해야 할 진리를 멀리서 찾을 필요가 없다. 인간 자체를 있는 그대로 바라보면 된다. 즉 사람은 누구나 다 다르다. 외모만 해도 이 세상 사람의 생김새는 모두 다르다. 심지어 쌍둥이도 다른 점이 있도록 신은 만들었다.

하물며 내적인 면은 전혀 같을 수가 없다. 어느 목사님이 신의 창조 법칙을 설명하면서 다음과 같이 얘기했다. "하나님께서는 우리 한 사람 한 사람에게 다른 개성과 성품을 주셨습니다. 똑같은 사람은 아무도 없습니다. 그렇게 하신 데는 분명한 이유가 있습니다. 각자의 개성을 살려 조화를 이루고 서로 도우며 살라는 뜻입니다."[1] 다양성은 특별하거나 거창한 것이 아니다. 단지 인생의 본질로 돌아가 그것을 인정하고 받아들이면 되는 것이다.

선배는 정말 꼰대인가?

얼마 전 인터넷 기사에서 본, 요즘 젊은 세대에게 말하는 선배 세대의 충고가 기억에 남는다. 그 내용을 요약하면 이렇다.[2]

현재 60대 이상의 '국제시장' 세대들, 군부독재라는 억압적인 정치 분위기 속에서 경제 재건이 시급했고 당장의 보릿고개를 굶주리지 않고 지내야하는 절대과제를 지니고 살았던 세대, 그리고 결국 우리나라 경제 기반을 기적적으로 일으킨 소중한 선배들이다. 이들이 실업을 걱정하는 현재의 20대인 아들과 딸들에게 하는 말, "지금 중소기업과 3D업종에서는 자리가 없어 난리인데 너희는 왜 편한 직장만 바라보고 있니? 왜 우리처럼 닥치는 대로 일해야 한다는 생각을 갖지 못할까?"

이번에는 50대의 '민주화'세대들, 군부독재에 과감히 맞서 싸웠고 결국 승리를 맛본 저항의 세대, 부조리와 불합리에는 앞장서서 투쟁하면서 문민정부의 기틀을 마련했던 세대이다. 그들이 20대들에게 하는 말, "너희는 지금 부조리와 불합리에 저항하지 않고 순응만 하고 있어. 부당함을 어필해서 사회를 변화시켜봐! 너희는 왜 우리처럼 부당함에 맞서 싸우지 않니?"

다음은 40대의 소위 '298'세대들, 민주화를 지나 문민정부시대에서 IMF시대까지 20대를 보냈던 민주화와 경제성장의 혜택을 모두 누릴 수 있었던 자유로운 영혼의 세대이다. 이들이 현재의 20대들에게 하는 말, “우리는 자유로운 영혼이 되어 인생을 설계했어. 너희는 왜 자유롭지 못하고 눈치만 보니?”

선배들의 충고와 질책은 각 시대적 상황으로 유추해보면 일면 이해가 가고 그렇게 살아갈 수밖에 없었던 역사적인 불가피성이 있었다. 하지만 이들 선배들이 20대에 공통적으로 품었던 것이 있었다. 그것은 ‘희망’이었다. 피땀 흘린 노력으로 경제를 재건하여 잘 살아보겠다는 희망, ‘그날이 오면’을 부르며 독재와 기득권에 맞서 싸워 스스로 쟁취하리라는 희망, 이제 자유로운 영혼이 되어 선진국을 향해가자는 밝은 희망의 미래가 있었다.

하지만 오늘의 젊은 세대들은 과연 선배 세대들이 가졌던 희망이 있는가? 다시 말하면 선배들은 젊은 세대를 위해 희망의 장을 준비해 주었는가를 깊이 생각해보자. 지금 대한민국은 어느 세대도 경험하지 못한 저성장이라는 늪에 직면해있다. ‘오늘보다 나은 내일’이 아닌 ‘오늘보다 더 나쁘지 않은 내일’을 바라보고 있어야하는 가혹한 현실을 경험하고 있다는 말이다. 키에르케고르가 말했던 죽음에 이르는 병이 무엇이었던가? 그게 바로 절망이 아닌가. 도산 안창호 선생님께서 후세에게 강조하신 말이 있었다. ‘낙망(落望)은 청년의 죽음이요, 청년이 죽으면 민족이 죽는다.’ 이 말은 오늘날 대한민국의 모든 선배들이 깊이 새기고 교훈이 되어야 할 말이 아닌가 싶다.

책방에 쌓여있는 자기계발서와 힐링서들, 그리고 강연 등 여러 채널을 통하여 젊은 세대들에게 희망을 주고자하는 모든 노력들이 결코 헛되거나 잘못되었다는 말이 아니다. 문제는 선배 세대가 자신의 경험을 일반화하여 후배 세대에게 강요하는 것, 우리는 이것을 속칭 '꼰대질'이라고 한다.

리즈와이즈먼Liz Wiseman이 그녀의 저서 '멀티플라이어 이펙트Multiplier Effect'에서 꼰대질을 '디미니셔Diminisher'들이 보여주는 대표적인 행태로 표현했다. 디미니셔는 그녀가 말한 두 가지 리더십 중 하나의 형태로 자기가 제일 똑똑하다고 생각하면서 그것을 반드시

그림 이연우

보여주어야 하는 리더상이다. 자신의 지성에 매료되어 있으면서 반면에 다른 사람의 지성을 억누르고 조직에 필요한 역량을 고갈시키는 리더를 의미한다.

이와 반대로 주위 사람들을 더 나은 사람으로 더 똑똑한 사람으로 만드는 리더가 있다. 직원 각자의 다양성을 인정하고 영감을 불어넣어 최대한의 역량을 끌어내도록 하여 기대이상의 결과를 성취하도록 도와주는 리더이다. 그녀는 이러한 리더를 '멀티플라이어 Multiplier'라 부른다.

멀티플라이어는 다른 사람의 잠재력을 일깨우고 조직 전체의 문제해결 능력을 높인다. 또한 각 사람의 고유한 지적능력을 불러일으켜, 혁신이나 집단지성을 생성하고 전체의 생산성을 증대시키는 리더를 말한다. 즉 사람들의 다양성을 잘 이해하고 최적으로 활용하는 사람이다. 불행히도 우리의 주변에 멀티플라이어보다는 디미니셔에 속한 리더스타일이 훨씬 더 많다는 것은 안타까운 일이다.

유대인이면서 독일의 저명한 사상가인 마르틴 부버가 이런 말을 했다. '인간으로서 해야 할 가장 위대한 일은 상대방의 다양한 가치를 인식하고 가장 그답게 살 수 있도록 격려하고 도와주는 일이다.'[3] 어떤 리더든지 다양성을 올바로 인식하고, 머리로 이해하면서 또한 가슴으로 수용하고, 창조적으로 활용하면 멀티플라이어의 리더십을 보여주리라 확신한다. 이것이 바로 '다양성의 리더십'이다.

당신을 지지하는 사람들이 줄 서있나요?

필자는 주변의 리더 자리에 있는 친구나 지인들에게 종종 묻는다. 당신은 리더로서 어떤 사람인가요? 당신의 생각을 지지하는 사람들이 줄 서있어 즐거운가요? 당신의 생각을 지지하지 않은 사람들이 주변에 있으면 싫은가요? 아니면 불편한가요? 여기에 솔직하게 답한다면 대부분 '네'라고 할 것이다.

자기와 뜻을 같이 하고 함께 움직여주는 사람이 주변에 있다면 정말 반가운 일이다. 하지만 생각이나 가치기준, 실천방식이 같을 필요가 없고 같을 수도 없다. 리더들은 항상 이 사실을 염두에 두고 직원들이 열린 공간에서 자유롭게 상상하고 잠재능력을 최대한 끌어낼 수 있도록 도와야 한다.

한편 자신이 가장 똑똑해서 무엇을 해야 하는지 직원들에게 가르쳐줘야 한다고 생각하는 리더가 있다. 이러한 리더상은 보통 자신의 지적 능력을 과시하고 싶어한다. 안타깝게도 그의 직원들은 업무의 초점을 보스가 어떤 생각을 하는지에 맞추느라 대부분의 시간을 낭비한다.

리더의 생각에 따라 조직은 많은 영향을 받고 때로는 기업의 성패를 좌우한다. 다양성의 관점에서 보면 4가지 유형의 리더가 있다고 한다.[4] 먼저 하급의 리더는 자신을 지지하는 사람들로 채운다. 이러한 조직은 일사불란한 조직력을 발휘할 수 있다. 하지만 시간이 지남에 따라 여러 환경의 변화에 눈이 멀게 되고 적응력이 떨어져 결국 조직을 망하게 할 수 있다.

중급의 리더는 기본적으로 직원들의 서로 다른 차이를 수용하고 어느 정도 이해한다. 하지만 거기까지다. 그것을 활용하여 생산성

그림 이연우

등과 같은 조직의 성과로 끌어내지는 못한다.

다음의 리더 유형은 상급의 리더이다. 그는 직원들의 차이가 조직 내에서 자유로이 드러내게 하여 더 나은 성과를 지향한다. 즉 다양성을 수용하여 조화를 이루고 조직의 목표를 달성하도록 노력하는 리더를 의미한다. 하지만 다양성에는 여전히 수동적인 자세이다.

마지막 유형으로 최상의 리더가 있다. 그는 직원 각자의 차이를 장려하고 촉진시키는 역할을 한다. 그리하여 조직 안에서는 각각의 차이들이 서로에게 학습이 되어 창조적 배움으로 이어지게 하고 외적으로는 혁신을 발휘하여 가치를 창출하도록 노력한다.

어쩌면 1993년 IBM의 회장으로 취임했던 루이스 거스너Louis Gerstner가 바로 최상의 리더에 해당할 것이다. 그는 취임 초부터 '다양성이란 다양하고 다문화적 시장을 이해하는 것에서 시작해야 한다' 그리고 '다양한 고객들로부터 기회를 창출하기 위해서는 기업자체가 다양성을 추구해야 한다.'고 주창하였다. 그는 기존의 인식, 즉 조직 안에서는 차이를 최소화하고 동일한 방향으로 가야 한다는 공동체적 인식에서, 오히려 반대로 차이를 늘리고 다양한 생각과 가치들을 이해하고 포용하는 것으로 전환해야 한다고 말했다. 그리고 그것을 제도화하고 실행하는데 앞장섰다. 단순히 기존의 평등주의 정책을 넘어 차이의 장려를 통하여 더 많은 창조적 배움으로 이어지게 하는 것이다. 이것이 바로 그가 말한 '건설적 붕괴Constructive Disruption'이고 다양성에 대한 새로운 패러다임이다.

다양성을 구체적으로 비즈니스에 적용하기 위하여 그는 회장 직속으로 8개의 테스크포스Task Force팀, 즉 흑인, 여성, 미본토인Native American, 동성애자, 장애인, 백인남성, 히스패닉, 아시안 그룹을 조직하였다. 각 소수그룹은 IBM의 고객이 되어 니즈와 네트워크를 파악하고 분석한다. 그리고 여기서 도출된 결과를 IBM의 상품과 서비스 마케팅에 적용해 새로운 시장을 개척하기에 이르렀다. 루이스 거스너 회장은 미국 내 소수그룹의 구매력이 세계7위 국가의 GDP 규모와 맘먹는 시장, 즉 더 이상 소수시장이 아니라는 사실을 이미 알고 있었던 것이다. 그리고 과감한 다양성의 리더십으로 마케팅 혁신을 보여주었다.[5]

이 IBM사례는 다양성을 기업 전략과 목표에 통합하여 큰 성과를 남겼던 대표적인 성공사례다. 그리고 이제는 벌써 25년이 지난 일이 되었다. 하지만 우리에게는 여전히 생소하고 새로운 이야기로 들리는 이유는 왜일까?

차별이나 차이나 그게 그 말 아닌가요?

수년 전 어느 TV방송의 뉴스[6]를 보고 어이가 없었던 적이 있었다. 영어 학원 강사를 모집하는데 버젓이 자격요건에 'Caucasian only(백인만 지원가능)'라는 내용의 광고를 공개적으로 냈단다. 미국이나 일부 유럽국가에서 이런 행위는 적극적 조치Affirmative Action나 긍정적 조치Positive Action에 위배되어 형사 처분까지 받을 수 있는 엄중한 사항이다. 그런데 그 이유를 들어보면 더욱 가관이다. 수강하는 어린 학생들이 흑인을 무서워해서 부모들이 학원에 건의를 했단다. 자기 아이가 검은색 피부에 눈만 반짝반짝 보이는 선생님이 섬뜩해서 옆에 가까이 가기도 꺼려한다는 것이다.

한국에 온지 8년째인 아프리카계 미국인 레지널스씨는 대학에서 영문학을 전공했다. 여러 학원에 지원을 했지만 번번이 채용에서 탈락했다. 학원 측에 그 이유를 물어보니 답변은 '흑인이라서' 또는 그냥 '이유 없음' 이었다. 이 또한 일부 국가에서는 인종차별로 처벌을 받을 수 있는 행위다. 이런 행태들이 교육의 중심지라 불리는 서울 도심의 한 복판에서 벌어지고 있다는 사실이 한심스럽기도 하고 한편 그 무지함에 두렵기까지도 하다. 어린 학생들의 마음 깊은 곳에 잘못된 편견이 자라면서 본인 자신과 우리 사회에 미칠 영향을 생각하면 말이다.

그의 말을 들어보면 한국의 영어 학원가에는 뚜렷한 인종계급이 있다고 한다. 첫 번째는 백인여성이고 두 번째는 백인남성이란다. 그 다음은 아시안 계 여성 등등. 뉴스의 기자는 당시 전국 영어학원에 약 3300여명의 원어민 강사가 있다고 전했다. 순간 얼마 전 뉴스 기사가 떠올랐다. 어떤 백인 성범죄자가 한국으로 피신해 와서 영어 강사를 하고 있다가 붙잡혔다는 기사였다. 정작 자격도 안 되는 성범죄자를 먼저 가려내야 하는 것은 누가 봐도 상식이다.

한 인터넷 포털에서 차이와 차별을 설명하면서 나온 사례다.[7] 어느 학교의 한 남학생이 씩씩대면서 이렇게 말했다. "오늘 청소시간에 선생님 때문에 좀 화가 났어요. 선생님께서 책상 같은 무거운 물

(출처: 네이버 지식백과)

건은 모두 남학생한테만 옮기라고 하시는 거예요. 그래서 선생님께 이거 남녀 차별 아니냐고 얘기했더니 '이건 차별이 아니야. 남녀 차이를 고려하는 거지'라고 하셨어요. 아니 차별이 아니라 차이라고요? 차별이나 차이나 그게 그 말 아닌가요?"

여기서 중요한 것은 차이를 틀린 것으로 생각할 때 차별이 시작된다는 점이다. 이 두 단어는 발음상으로도 비슷해 보이지만 그 사이에는 엄청난 간극이 존재한다. 마치 히틀러가 이 같은 생각으로 인류 역사상 엄청난 비극을 만들었던 것처럼 말이다.

차이와 차별은 엄격히 구분되어야 한다. 지하철역마다 설치된 리프트, 육교에 설치된 엘리베이터, 출입구에 가까운 장애인 전용 주차장 등은 비장애인과 장애인의 차이를 인정하고 배려한 시설이다. 반면에 피부색이 짙다고 고용이나 승진에서 불이익을 주거나 일과 전혀 상관없는 용모로 평가하는 것, 똑같은 일을 하는데 나이가 어리다고 급여를 적게 주는 것 등은 엄연한 차별이다.

문제는 서로의 차이를 차별로 인식하고 행동하는 데에 있다. 그리고 그것이 갈등이 된다. 우리가 매일 보는 정치권에서 정당간의 당파싸움이 그렇고, 기업의 가치사슬 내에 이해관계자들의 역학적 차이를 설정하여 갑을 관계로 규정하는 것도 그렇다. 또한 사회적으로 보수와 진보가 양분되어 대립을 위한 대립을 하는 것도 마찬가지다.

다양성 관리의 전문가이신 성상현 교수님은 그의 칼럼[8]에서 차이와 차별을 '양날의 칼'과 '동전의 양면'이라 말했다. 그러면서 그는 "배경과 자라온 환경이 서로 다른 사람들은 사건과 사물을 보는 시각과 해석이 다를 수밖에 없다. 그러한 차이들을 인정하지 않고 자기주장만 고집하면서 갈등을 일으키면 그것은 차별이 된다. 그러나 각자의 차이를 인정하고 존중하여 자유로운 소통이 이루어지면 그것이 곧 창조적 발전과 혁신이 이루어지는 것이다. 시장이 서로 다른 동력들에 의해 자유로이 움직이듯이, 조직은 차이에 대한 존중과 자유로운 소통을 통해 발전한다."라고 말했다. 이 말을 많은 사람들이 공감했으면 좋겠다.

행복한 이기주의자가 되면 다양성이 보인다

우리가 학교나 가정에서 여태껏 배운 것들은 주로 공동체 생활, 즉 사회생활에 필요한 교육 위주였다. 나 자신보다는 남과 어울려야 하고, 눈치를 볼 줄 알면서 관계를 잘 형성해야 성공할 수 있다고 믿어온 것이다. 항상 과거의 꼬리표를 달고 살아야 하고, 보다 나은 미래를 위해 현재를 희생하도록 강요를 받으며 살아왔다. 반면 자신의 가치를 최우선시하고, 현재를 최고의 행복으로 누리고자하는 노력은 이기적이고 속물근성이라고 치부해 온 것도 사실이다.

하지만 '행복한 이기주의자Your Erroneous Zones'의 작가 웨인 다이어Wayne Walter Dyer는 자신을 소중하게 여기지 않는 사람이 다른 사람에게 사랑을 베푸는 것은 가짜라고 말한다. 다양성도 자기사랑이 전제되지 않으면 그것도 공염불이다. 즉 다른 사람의 다양한 가치를 발견하고 인정하기 위해서는, 웨인이 말하는 행복한 이기주의자가 먼저 되서 자신의 인생을 지휘할 줄 알아야 한다는 말이다. 사실상 행복한 이기주의자들은 너무 열심히 살기 때문에 주위 사람들이 무엇을 하고 있는지 알아차릴 여유조차 없기도 하다. 그러면 행복한 이

기주의자는 어떻게 살아가는 사람일까? 웨인이 말한 몇 가지 특징을 살펴보자.[9]

첫째는 과거와 미래가 아닌 현재를 살아가는 사람이다. 사실 우리는 무의식중에 현재를 깎아내리는 문화 속에 살고 있다. 미래를 대비하라, 뒷일을 먼저 생각하라, 쾌락주의자가 되지 말라, 은퇴를 준비하라 등등 어디선가 자주 들어오던 소리들이 아닌가? 현재를 회피하는 것은 우리 문화의 병폐다. 우리는 끝도 없이 미래를 위해 현재를 희생하도록 강요한다. 결국 이것은 현재의 즐거움뿐 아니라 영원히 행복을 피해 다니는 태도다. 미래가 다가와 현재가 될 때, 우리는 그 현재를 또 다시 미래를 위한 준비로 삼아야하기 때문이다. 하지만 행복한 이기주의자는 '지금 이 순간을 소중히 여기고 힘껏 마시는 사람'이라고 웨인은 말한다. 소설가 헨리 제임스는 이렇게 말했다. "있는 힘껏 살아라. 자신의 인생을 가졌거늘 도대체 무엇을 더 가지려 하는가? 잃게 되어 있는 것은 잃는 법이다. 이 점을 명심하라. 아직 운이 좋아 인생을 더 살아갈 수 있다면 모든 순간이 기회다. 살아라!"

둘째는 미지의 세계를 즐길 줄 아는 사람이다. 인생에서 가장 기억이 남는 때를 떠올려 보라! 어떤 때인가? 어렸을 때 들판을 뛰어다니며 시간 가는 줄 모르고 놀았을 때, 사랑하는 사람을 만나 신비로운 감정으로 가슴이 설렐 때, 이 순간 정말 자신이 살아있다는 것을 느낀다. 그런데 불행히도 그런 순간들은 잠깐이었고 가정에서나 학교에서나 늘 이런 소리를 들으며 살아왔다. 길이 아닌 곳은 쳐다보지도 말아라, 딱 맞는 답은 하나다 그것만을 찾아라, 이런 친구들과만 어울려야 한다 등등. 대체로 미지의 것은 가까이해서는 안된다는 가르침을 받았다. 웨인은 말한다. '당신이 일만 일을 살았다면 그 날들을 진정으로 살아왔는가? 혹시 똑같은 하루를 일만 번 재탕해 살아온 것은 아닌가?' 우리가 잘 아는 토마스 에디슨이나 콜롬부스 그리고 우리의 세종대왕과 같은 분들이 미지의 것을 두려워했다면 그런 위대한 업적을 이루었을까?

마지막으로 '정의'라는 덫을 피하는 사람이다. 독자들은 이 세상이 공평하다고 생각하는가? 아니면 공평해야 한다고 생각하는가?

(출처: 21세기북스)

'세상이 너무도 질서 정연하고 모든 것이 공평무사해야 한다면 어떤 생물도 살아남지 못한다. 새가 벌레를 잡아먹는 것조차도 할 수 없다'고 웨인은 말한다. 인간 사회도 마찬가지다. 정의를 추구하되 실제로는 정의롭지 못한 것이 세상살이다. 그런데 우리는 때때로 정의가 보이지 않는데도 부질없이 요구하며 부정적인 감정으로 자신을 몰아세운다. 행복한 이기주의자는 정의를 외부지향적인 개념으로 본다. 정의가 아니라고 불만을 품는 그 시간에 그는 자신이 진실로 원하는 것이 무엇인지 결정하고, 그것을 달성하기 위해 전략을 짜고 있다.

결론적으로 다른 사람의 다양한 모든 것들을 소중히 여기려면 자신이 먼저 행복한 이기주의자가 되어야 한다. 스스로를 중심에 세우는 법을 잘 알고, 감정을 선택할 줄도 알면서 행복을 누리는 사람말이다. 웨인은 '행복한 이기주의자는 과거나 미래가 아닌 현재를 산다. 미지의 것을 두려워하지 않고 색다르고 낯선 경험을 찾아 나선다. 그는 때로는 애매모호함도 즐기고 늘 현재를 음미하면서, 평범한 일상 속에서도 갖가지 즐거움을 얻는 놀라운 능력도 갖고 있다.'라고 말한다. 즉 행복한 이기주의자가 다양성의 전제 조건인 것이다.

미래는 우뇌형, 다양성 인재의 시대다

다니엘 핑크Daniel H. Pink는 그의 저서 '새로운 미래가 온다.A Whole New Mind'10에서 새로운 시대는 다양한 사고와 다채로운 삶에 대한 접근으로 활기를 얻을 것이다'라고 말했다. 과거에는 뛰어난

(출처: 아마존 웹사이트)

분석 능력과 순차적인 사고를 잘하는 좌뇌형 인간이 성공을 이루었는데, 새로운 미래는 다양한 패턴을 잘 감지하고 감정과 비언어적 표현을 잘 해석하는 종합적 능력을 지닌 우뇌형 인간이 성공할 것으로 그는 보았다.

실상 지금까지 우리는 학력 중심의 사회를 살아왔다. 대학 입시를 위한 수학능력시험이나 각종 시험들은 주로 논리적이며 순차적이고 빠른 사고 능력을 요구하는 지극히 좌뇌 지향적이다. 그것으로 다양한 계층에 평등 교육의 기회를 제공하고 전문직의 문호를 개방할 수 있었다.

그러나 이제 학력주의 시대는 점차 저물어가고 우뇌형 사고 중심으로 가고 있다. 그 이유를 다니엘 핑크는 다음의 3가지로 요약한다.

첫째는 풍요다. 우리는 좌뇌적 사고로 인하여 풍요로움을 얻었다. 즉 좌뇌의 논리력과 분석력이 하이테크 기술의 발전을 불러오고, 좌뇌형 지식 근로자 집단의 능력으로 전에는 상상할 수 없는 풍요를 이루었다는 말이다. 그러나 그것은 역설적으로 좌뇌의 위상을 떨어뜨리고 말았다. 어딜 가나 원하는 상품들이 쌓여있다 보니 합리적 가격이나 기능만으로는 만족하지 못한다. 디자인이 별로거나 정신적인 만족감이 없으면 절대 팔리지 않는다. 즉 풍요로움이 우뇌적 위상을 떠오르게 했다는 의미다.

둘째는 아시아다. 과거의 좌뇌형 화이트칼라의 일이 아시아 대륙으로 이동하고 있다. 비록 전문적인 일이라도 단편적이거나 반복적인 일들은 저비용의 아시아국가로 이동하고 있다. 그러면서 좌뇌의 위상은 계속 떨어진다.

마지막으로 자동화다. 20세기는 기계들이 인간의 물리적 힘을 대신했고, 21세기는 과학기술이 인간의 좌뇌를 대체했다. 예컨대 영국의 한 회사가 사람이나 기업이 필요로 하는 프로그램을 대신 개발해 주는 소프트웨어를 판다. 또한 기존의 변호사들의 성역이었던 법률 서비스도 어지간한 것은 자동 온라인 법률서비스로도 가능하다.

결국 지식 근로자의 정보화 시대는 지나가고 이제부터는 '하이컨셉의 시대', 즉 다양한 패턴과 기회를 잘 감지하고 예술적 미와 감정의 아름다움을 새로운 아이디어로 창조하는 능력을 지닌 우뇌적 인재의 시대다. 그리고 다양한 사람들과 잘 공감하고 미묘한 인간관계를 잘 다루는 다양성 인재의 시대가 온 것이다.

제너럴 모터스General Motors의 부회장이었던 로버츠 루츠Robert Anthony Lutz는 이런 말을 했다. "우리 회사는 예술 사업을 합니다. 자동차란 엔터테인먼트이자 움직이는 조각품인 동시에 수송수단의 역할을 하기 때문이지요." 즉 제너럴 모터스의 자동차는 사람에게 다양한 즐거움을 주는 감성 생활의 도구인 동시에 예술품이고 이동 수단이라는 의미다. 그리고 이러한 종합예술작품을 개발하기 위해 다양한 사고에 익숙한 우뇌형 인재를 요구하는 것은 당연하다.

다니엘 핑크는 우뇌형 인재에게 필요한 6가지 조건을 제시한다.

첫째는 디자인이다. 디자인은 우리의 생활에 의미를 부여하면서 주변 환경을 만들고 꾸미려는 인간의 본성이다. 오늘날 우리 모두는 어떤 일이든 상관없이 디자이너가 되어 예술적인 감수성을 길러야 한다. 특히 디자인은 서로 다른 분야를 접목하는 작업이어서, 전체적인 사고와 안목을 갖춘 사람이 오늘날의 복잡한 문제들을 잘 해결할 수 있다.

둘째는 스토리다. 오늘날 지식이나 팩트는 거의 무료로 빛의 속도로 얻을 수 있다. 중요한 것은 이러한 팩트를 엮어 감성적 임팩트를 제공하는 능력, 즉 스토리를 만드는 능력이다. 간단한 예로 팩트는 '엄마는 집을 나가고 아빠는 세상을 떠나 고아가 되었다.'인데, 스토리는 '생활고를 견디지 못해 엄마는 집을 나갔다. 그러자 아빠는 크게 상심하여 술로 달래다가 병을 얻어 세상을 떠났다. 이제 혼자서 살아가야하는 고아가 된 것이다.'로 감성적 임팩트를 넣어 전달한다. 오늘날 비즈니스는 정형화하기 어려운 복잡한 상황들이 많다. 그것을 잘 전달하여 설득하는 수단이 바로 스토리인 셈이다.

셋째는 조화다. 조화는 작은 조각들을 결합하는 능력으로 서로 다른 패턴이나 특성을 결합해 새로운 것을 창조하는 능력이다. 흔히 '경계를 넘나드는 사람Boundary Crosser'이 대표적으로 조화의 능력을 지닌 사람이다. 그는 다양한 분야의 전문성을 개발하고 다양한 언어를 구사하며 다양한 인생경험을 즐기는 그런 부류의 사람이다. 미하이 칙센트미하이Mihaly Csikszentmihalyi 교수는 '창의성은 일반적으로 여러 분야의 경계를 넘나드는 것과 관련 있다'고 말했다. 유명한 디자이너 클레멘트 모크Clement Mok도 '앞으로 사람들은 다중 렌즈를 통해 문제를 바라봐야 하고 다중모드에서 일하고 훈련할 수 있는 능력을 갖춰야 한다.'고 말했다. 또한 백만장자 CEO 시드니 하먼Sidney Harman은 'MBA 출신이 아닌 시인을 임원으로 데려오라. 시인은 시스템적 사고를 하는 대표적인 인물이다'고 했다.

넷째는 공감이다. 즉 자신을 다른 사람의 처지에 놓고 생각하며 그 사람의 느낌을 직관적으로 이해하는 능력을 말한다. 오늘의 변호사는 더 이상 단순히 법률 지식을 제공하는 사람이 아니라, 고객들과 공감하면서 그들이 진짜 필요로 하는 것을 이해하는 능력을 가진 사람이다. 협상 테이블에서는 겉으로는 드러나지 않은 말속의 잠재된 숨은 의도를 잘 파악하는 그런 사람이어야 변호사로서 성공한다. 한편 여성의 뇌는 남성에 비해 선천적으로 뛰어난 공감 능력을 지닌다고 한다. 바로 성별 다양성이 중요한 이유다.

다섯째는 놀이이다. 즉 일의 즐거움을 아는 사람이다. 노스웨스트 항공사Northwest Airlines는 일과 놀이를 결합하는 여러 프로그램을 도입하면서 '즐겁게 일하지 못하는 사람은 어떤 일에서도 성공하지 못한다.'고 말한다. 브리티시 항공British Airways은 직원들의 유머 감각을 높이기 위해 전문 희극인을 고용하기도 했다.

마지막으로 의미다. 빅터 프랭클Victor E. Frankl은 '사람의 주된 관심사는 즐거움을 얻거나 고통을 피하는 것이 아니라 삶의 의미를 찾는데 있다'고 말했다. 또한 로버트 윌리엄 포겔Robert W. Fogel은 '무엇으로 살 것인가의 문제는 해결되었지만 무엇을 위해 살 것인가는 해결되지 못했다. 삶의 수단은 있으나 삶의 목적은 없다'고 말한다. 이제는 돈 못지않게 의미를 제공하는 직장을 선호하는 사람이 늘어나고 정신적인 가치에 대해 주목하는 기업들이 점점 늘어날 것이다.

필자는 모두가 우뇌형 인간으로만 살아야 한다고 말하는 것이 결코 아니다. 다만 우리는 지금까지 너무 우뇌를 억누르고 좌뇌 중심으로만 살아왔다는 말이다. 무슨 일이든 좌뇌와 우뇌는 함께 작용해야 한다. 다양성의 가치를 이해하는 것도 마찬가지다. 예컨대 어떤 사람과 일을 하면서 그 사람이 가진 세부 능력들을 잘 찾아내는 것도 중요하고, 그것을 기반으로 그 사람의 총체적 성격이나 특성을 파악하는 것도 똑같이 중요하다. 단지 이제껏 소홀히 해왔던 우뇌적 특성을 더 잘 살려서 다양성에서 얻어지는 진정한 의미를 찾아내자는 것이다.

그런 의미에서 다니엘 핑크가 말한 다양성 인재의 조건은 가히 종합 예술인이라고 말할 수 있다. 디자인 능력은 시각적인 측면이 강하고 스토리는 청각적인 측면이 강하다. 우선 직관적이고 즉각적인 디자인 능력으로 시선을 끌고 그 다음은 스토리로 감성을 자극하여 사람을 움직이게 만드는 것이다. 그러한 관계를 만드는 뼈대는 조화와 공감이고 놀이와 의미는 이 모든 다양성 인재들이 살아가는 환경이 될 것이다.

다양성多樣性이 무엇이지요?

다양성多樣性의 의미를 국어사전에서 찾아보면 '모양, 빛깔, 형태, 양식 따위가 여러 가지로 많은 특성'이라고 말한다. 이것은 다양성이라는 단어 자체가 매우 포괄적인 의미로써 자연과 과학, 문화, 예술, 인문, 사회의 모든 면을 아우르면서 그 속에 담겨진 여러 가지의 특성을 나타내는 말로 볼 수 있다.

다양성 하면 떠오르는 단어로 '다름'과 '차이'가 있다. 사전에서 '다름'은 순 우리말로 '비교가 되는 두 대상이 서로 같지 아니하다'와 '보통의 것보다 두드러진 데가 있다'로 해석한다. 한편 '차이差異'는 '서로 같지 아니하고 다름 또는 그런 정도나 상태'로 해석한다. 이와 같이 두 단어의 의미는 매우 유사하지만 '차이'가 '다름'보다는 다른 정도나 상태를 나타내는 상대적인 의미로 많이 사용한다. 그러나 다양성에는 '다름'의 의미와 더불어, 각각의 고유한 특성에 많은 의미를 부여하고, 그것들이 서로 조화를 이루며 더 크고 의미 있는 특성을 만든다는 뜻이 담겨있다고 생각한다.

다양성의 영어는 'Diversity'로, Webster's New World 사전은 'quality, state, fact, or instance of being diverse'와 'difference' 그리고 또 다른 의미로 'variety'로 설명한다. 전자는

국어사전에서 설명한 뜻과 매우 유사하게 해석이 되지만, 후자는 보다 진보적인 뉘앙스로 '변화가 많음' 또는 '갖가지' '가지각색'의 의미로 설명될 수 있다. 이것은 앞의 사전적 의미에 동적인 변화를 포함하는 것으로 이해된다.

필자가 다양성에 대한 사전적 의미를 먼저 파악하려는 의도는, 다양성을 정의하기에 앞서 다양성을 단순히 '다름' 정도로 협소하게 생각하는 독자들이 있을 것으로 예상되기 때문이다. 그래서 다양성은 서로 다르지만 고유한 특성을 드러내며 또한 변화의 의미도 있음을 밝혀둔다.

인간은 자신과 다른 성격이나 생각을 가진 사람을 만나면 보통 두 가지 반응을 보인다. 먼저 불편해하면서 거부감을 드러낸다. 본능적으로 변화를 싫어하기 때문이다. 전통적인 집단 문화와 군대 문화에 익숙한 대한민국의 성인 남자들에게서 자주 볼 수 있는 현상이다. 반면에 다른 사람과 대화하고 교류하면서 더욱 매력을 느끼고 그 사람의 가치를 인지하게 되는 경우도 있다. 예컨대 이성을 만났을 때 상대방이 자기와 전혀 다른 특성이나 취미가 있다는 것을 발견하면 더 매력을 느끼는 경우다. 그래서 흔히들 결혼상대는 보통 자기와 전혀 다른 사람을 만나야 조화로운 가정을 이룬다고도 말한다. 같은 성격의 사람끼리 만나면 처음에는 불타오르는 사랑을 하다가도 얼마 못가 심한 갈등을 겪는 경우를 많이 보았기 때문이다. 마치 전지가 같은 극끼리는 서로 밀어내는 것처럼 말이다.

이처럼 나와 다른 사람을 만나 다른 세계를 보면, 사람마다 정도의 차이는 있지만 거부반응을 보이면서도 다른 한편으로 가치나 매력으로도 느낀다. 먼저 다름을 인지하는 과정이 필요한 것이다. 그리고 교제를 통하여 그 사람의 내면을 이해하기 시작하면서 고유한 가치들을 알게 되고 인정하게 된다. 이 정도로도 서로의 관계는 친구처럼 친밀해진다. 다음 단계로 이미 친구가 된 두 사람은 서로 배우고 협력하면서 두 사람의 세계를 함께 발전시킨다. 더 나아가 두 사람의 관계가 다른 사람들의 세계에 영향을 주어 더 나은 포용의 세상을 만들어가는 것이다. 즉 다양성은 하나의 목표가 아니라 과정이라는 사실을 이제 이해할 것이다.

그래서 필자는 다양성을 '먼저 다름을 인지하고Cognize, 이해하고Understand, 인정하고Acknowledge, 수용하고Accept, 장려하는Encourage 끊임없는 여정'이라고 정의한다.

다양성의 여정에서 꼭 필요한 것이 있다. 그것은 소통을 위한 진실한 대화이다. 진실한 대화가 없이는 다른 사람의 고유한 가치를 파악하기란 쉽지 않다. 여정 내내 그 사람의 내면과 대화하면서 다양성은 진화한다. 그래서 독일의 유명한 사상가인 마르틴 부버도 대화란 '서로 다른 이성의 나눔이며 논쟁'이라고 하면서 대화 유토피아를 주장했다. 이것을 논평하는 박홍규 교수는 '서로 다르다는 것을 인정하고 다른 생각을 분명히 드러내며, 각자의 생각을 진지하게 성찰함으로써 새로운 결론에 이르고자 노력하는 과정이 바로 대화'라고 말했다.11

스캇 펙Morgan Scott Peck 박사는 '사랑은 자기 자신이나 타인의 영적 성장을 도울 목적으로 자신을 확대시켜 나가려는 의지'라고 말했다.[12] 즉 자신이 가지고 있는 가치를 다른 이들과 공유하고, 그 사람의 영적 성장을 도와 그 사람의 가치가 빛을 발하게 만드는 것이 곧 사랑이라는 의미이다. 이쯤 되면 좀 비약일지 모르지만 다양성은 사랑을 만들어가는 과정이라고도 말할 수 있지 않을까?

LGBT는 다양성의 문제일까?

해마다 6월 셋째 주가 되면 오라클Oracle 본사가 위치한 미국 캘리포니아 주 레드우드쇼어의 12개 빌딩에서 LGBTLesbian, Gay, Bisexual, and Transgendered 커뮤니티, 즉 동성애자나 양성애자를 나타내는 성 소수자들을 상징하는 무지개 깃발이 펄럭인다. 세계 최고의 IT 기업 중 하나인 오라클이 LGBT 커뮤니티의 '자긍심의 주Pride week'를 기념하면서 공식적으로 성 소수자 직원들을 포용하고 지원한다는 것을 알리는 것이다. 당시 오라클의 직원이었던 필자에게는 참으로 낯선 광경이 아닐 수 없었다.

이 상황을 우리와 비교해서 이렇게 한번 상상해보자. 서울 한 복판의 어느 대기업 본사 빌딩에 성 소수자들을 기념하는 무지개 깃발이 올라가 있다. 그것도 그 기업을 상징하는 깃발은 내려지고 말이다. 또한 그 옆의 거대한 전광판에는 성 소수자 직원들의 커밍아웃Coming out을 환영하는 홍보 영상과 사내 성 소수자 단체의 활동들이 방영된다. 그 다음에 어떤 일들이 벌어질지는 독자의 상상에 맡기겠다.

오라클은 1989년에 내부 LGBT 조직인 람다Lambda가 생겨난 이후, 홍보 활동을 통하여 지속적으로 직원들의 커밍아웃을 도와주고 여러 행사들을 지원해 왔다. 2013년에 공식적인 람다의 리스트에는

약 200명의 회원이 등록되어 있었고 현재는 약 300여명 이상일 것으로 추정된다.[13]

이제까지 LGBT의 성적 지향의 문제, 동성애나 양성애의 문제는 성향이나 가치관에 따라 또는 종교나 이데올로기에 따라 사람마다 매우 다른 렌즈를 통해 인지되어왔다. 성적 정체성은 성적 지향을 인정하는 것을 의미한다. 예컨대 신체적으로는 남성인 사람이 정신적으로 성별이 여성이라면 이 사람의 성적 정체성은 여성이다. 현재 우리나라를 비롯하여 여러 나라에서 성적 정체성이 선천적이냐 후천적이냐의 문제를 놓고, 과학이나 종교, 여러 사조들을 들먹이며 많은 논란이 일고 있다. 동성애를 반대하는 사람들은 동성애가 후천적이어서 얼마든지 성적 지향을 이성애로 전환할 수 있다고 믿는다. 반

(출처: 다음 백과사전)

면에 찬성자들은 동성애가 선천적이든 후천적이든 개인의 성적 지향을 우리 사회가 존중해야 한다고 주장한다.

현재 미국을 비롯한 약 21개 나라가 동성 결혼을 합법화 했지만, 어떤 나라는 동성애를 죄로 여기고 심지어 사형까지 선고하는 나라도 있다. 한편 2018년 미국의 중간 선거는 미국의 다양성에 커다란 진보를 보여준 사건이었다. 처음으로 110명 이상의 여성 상하원 의원들이 의회에 입성했다. 또한 이 중에서 두 명의 무슬림 여성 하원의원도 탄생했다. 또한 콜로라도 주에서는 최초의 '커밍아웃 동성애자' 주지사가 탄생했다. 유세 기간 동안 자신의 성적 지향성을 공개적으로 드러낸 민주당 5선 하원의원인 재러드 폴리스Jared Polis가 선출되었다. 예전에 뉴저지 주 주지사로 당선된 짐 맥그리비Jim McGreevey도 동성애자였지만 그는 취임 직후부터 '아내 몰래 숨겨둔 애인이 있다'는 의혹에 시달리다 이후에 돌연 동성애자임을 고백하고 사임했다. 동성애자임을 밝히고 주지사에 당선된 것은 재러드 폴리스가 처음이라고 한다.[14]

수 년 전에 애플Apple CEO인 팀 쿡Tim Cook은 자신이 동성애자라고 공개했다. 그는 "내 성적 성향을 부인한 적은 없지만 이를 공개적으로 인정하지도 않았다"며 "내가 동성애자라는 사실이 자랑스러우며 이는 신이 내게 준 선물이라고 생각한다."고 말했다. 그는 무엇보다도 그 사실이 애플의 CEO로 일할 때 도움이 됐다고 주장했다. "동성애자로 살면서 소수자에 대해 깊이 이해할 수 있었고 공감을 잘하는 사람이 될 수 있었다"고 강조했다. 사실 애플의 CEO인 그가 성적

취향을 공개하는 것이 결코 쉬운 결정은 아니었을 것이다. 하지만 '애플의 CEO가 동성애자라는 사실을 알리면 성적 지향의 문제로 혼자 고민하는 사람들을 도울 수 있을 것'으로 그는 생각했다. 애플 이사회 의장은 팀 쿡의 커밍아웃과 관련해 '용기 있는 일'이라며 "우리 이사회는 팀 쿡이 애플을 이끌고 있는 것을 매우 자랑스럽게 생각한다."고 말했다.[15]

그러면 우리 대한민국의 사회는 성 소수자를 어떻게 생각할까? 그리 관대하지 못하다. 아마도 여전히 잔재하는 남성 중심의 사회와 사회 전반에 흐르는 폐쇄 문화적 요인, 종교적 문제 등이 그 이유일 것이다. 그래서인지 OECD 국가 중 동성애 관용수준은 최하위다.

2000년부터 매년 5,6월에 열리는 성소수자들의 축재인 퀴어 문화축제가 서울을 비롯한 전국 대도시에서 열린다. 최근에는 서울시청 광장에서 퀴어 퍼레이드를 진행하고, 동성애를 주제로 한 영화와 연극이 발표되는 등 성 소수자에 대한 편견을 개선하려는 시도를 하고 있지만 여전히 많은 충돌과 갈등을 낳고 있다. 또한 동성애자라는 이유로 부당하게 해고를 당하거나 각종 폭언과 폭행에 시달리는 경우도 많다고 한다.[16]

'마이 페어 웨딩'의 김조광수 감독은 2012년 결혼식을 올린 뒤 동성 결혼을 인정해 달라고 소송을 진행했다. 그는 이성애자처럼 평등하고 자유로운 삶을 누릴 권리를 요구했다. 헌법 어디에도 동성결혼을 금지하는 조항이 없다는 것이 그의 주장이었지만 법원은 시대적 상황 등을 고려하여 기각했다. 성 소수자관련 차별금지법도 채택

되지 않은 우리의 현실에서 동성결혼이 법적으로 인정받기에는 아직 갈 길이 멀다.

우리가 성 소수자를 무시할 수 없는 이유가 있다. 다음의 이름들을 보라. 레오나르도 다빈치Leonardo da Vinci, 앤디 워홀Andy Warhol, 블라디미르 호로비츠Vladimir Samoylovych Horowitz, 표트르 차이코프스키Pyotr Ilyich Tchaikovsky, 서머셋 몸William Somerset Maugham, 제임스 볼드윈James Arthur Baldwin, 엘튼 존Elton John, 프레드 머큐리Freddie Mercury 등등 우리가 잘 아는 여러 분야의 천재 동성애자들이다. 이 밖에도 무수히 많은 동성애나 양성애 천재들이 예술과 사회, 경제 분야에서 두드러진다. 보통 인구의 1%도 안 되는 성 소수자들에게서 이렇게 많은 천재들이 배출될 수 있는 것은 분명 그 이유가 있을 것이다.

성 소수자에 관하여 과학적으로 밝혀진 흥미로운 연구 결과도 있다. 뇌 구조를 연구하는 UCLA의 로저 고르스키Roger Gorski 교수는 동성애자와 이성애자의 뇌에 차이가 있다는 사실을 발견했다. 인간의 뇌에는 우뇌와 좌뇌를 잇는 뇌량이라는 부분이 있고, 그 단면적은 일반적으로 여성이 남성보다 13% 정도 넓다. 이 때문에 여성이 좌우의 뇌를 함께 사용해 다양한 일을 동시에 처리하는 능력이 남성보다 뛰어나다는 것이다. 그런데 남성 동성애자의 경우, 이 뇌량의 단면적이 여성보다 18%, 남성 이성애자보다는 34% 더 넓다고 한다. 따라서 남성 동성애자는 여성 이상으로 좌우의 뇌를 동시에 사용하고 그만큼 특별한 인지기능을 갖게 된다고 말한다.

천재 가운데 동성애자가 많은 또 다른 이유를 사회적 원인으로 설명하는 사람들도 있다. 동성애자는 사회의 소수파여서 거기서 오는 정신적인 억압이나 고통이 창조성의 발현으로 이어진다는 것이다. '더 게이 100'을 지은 문화 연구가 폴 러셀Paul Russell은 동성애자의 이중성에 주목한다. 동성애자는 스스로 동성애자의 세계뿐 아니라 이성애자의 세계도 이해하려 노력한다. 두 개의 세계에 살면서 두 개의 삶을 모두 이해해야 하는 환경이 특별한 발상으로 이어진다는 것이다.[17]

어쨌든 이러한 성 소수자의 특성들이 이윤을 추구하는 기업에게 인재의 요건이라면 충분히 그럴 수 있다. 실제로 여러 글로벌 기업들은 성 소수자들이 떳떳하게 자긍심을 갖고 일할 수 있는 포용의 문화를 만들려고 노력한다. 그들은 성 소수자들이 특별한 재능을 일으켜 기업의 가치창출에 크게 기여할 것으로 믿기 때문이다. 오라클의 경우도 기업 내 LGBT 단체나 외부 LGBT 커뮤니티를 장려하고 지원하면서 기업이 필요로 하는 숨은 인재들을 찾아내고 있다. 또한 이러한 실천들이 기업의 이미지 측면에서도 긍정적으로 작용한다. 즉 사회적 책임과 지속가능 경영의 테마가 되어 브랜드 가치를 높인다는 것이다.

이유야 어떻든 성적 지향이 의도적이거나 비도덕적으로 만들어지는 것이 아닌 이상, 필자는 성 소수자의 문제를 정체성의 문제라고 본다. 그러기 때문에 인권차원에서 보호받고 존중되어야 한다고 생각한다. 우리가 인종이나 성별, 장애인 등과 같은 다양한 소수그룹을 인정하는 것처럼, LGBT 그룹을 포용하고 인정하면 성 소수자들은 조직 안에서 더욱 안정적으로 자신의 역량을 발휘하고 동화할 것이다.

현실적으로 우리나라에서 LGBT 문제와 같이 민감한 내용을 논의하기에 아직 이르다고 생각할지 모른다. 하지만 지금 이 순간, 회사 내에서 말 못할 고민으로 속앓이를 하는 천재 동성애자가 있을 수 있다. 동성애자라는 이유로 자신이 가진 능력과 자질을 발휘하지 못하고 직장에서 이유 없이 쫓겨나는 인재들도 있다. 하지만 글로벌 선진화를 꿈꾸는 기업이라면 이제는 그들의 고민을 진지하게 듣고 공감하려는 노력이 필요하지 않을까?

다양성의 삶은 선입견과 편견에 맞서 싸우는 것이다

네덜란드의 시인이자 저널리스트였던 얀 그레스호프Jan Greshoff는 '좋은 책은 우리에게 무엇을 주는 것이 아니라 오히려 우리가 확신하는 어떤 것을 빼앗아간다'고 말했다.[18] 우리는 무언가를 채우기에 앞서 우선적으로 무언가를 포기해야 새로운 것을 받아들일 수 있다는 말이다. 하지만 쉽게 포기하지 못한다. 왜냐하면 대부분의 사람은 현재의 욕망과 과거의 소중한 경험들 그리고 미래의 희망사항에 대한 관념으로 가득 차있고, 그것이 오랜 시간을 거쳐 견고해 지면서 선입견과 편견으로 자리를 잡고 있기 때문이다.

한편 사회적 견지에서도 선입견과 편견은 사람의 정체성이 특정한 사회적 그룹에 소속되었다는 인식에 기반 한다는 사회정체성Social Identity 이론으로도 잘 설명된다. 일반적으로 사람은 자신이 속한 그룹의 특징이나 성격을 더 좋게 평가하는 경향이 있고 그것을 '그룹 내 편견In-group Bias'이라고 한다. 그룹 내 편견은 사회적으로 어떤 그룹이 우위에 있거나 그룹 간에 멤버의 이동이 어려울 때 주로 강하게 일어난다. 예를 들어 인구통계학적 특징들, 인종이나 민족,

성, 세대, 출신 등에 해당하는 그룹은 그 속성이 고정이고 불변하기 때문에 그룹 내 편견이 강하게 일어난다.[19] 그러니 우리 민족과 같이 단일한 민족성의 배경과 집단문화나 공동체 의식이 강한 사람들의 그룹 내 편견은 매우 심할 수밖에 없다.

비즈니스를 하면서 필자가 경험한 그룹 내 편견의 예를 들어 보자. 예전 지사장으로 근무했던 기업은 특정 IT분야에 최고의 기술력과 소프트웨어 제품으로 유명하던 글로벌 기업이었다. 주로 국내 대기업 연구소에서 근무하는 엘리트 엔지니어들을 상대로 영업을 했는데 그들에게 제품의 탁월한 기술과 우수한 점을 소개하면 흔히 듣는 말이 있다. 우리가 소개한 기술은 본인들이 이미 검토했던 내용이란다. 그래서 특별한 것이 아니라고 더 이상 들으려고 하지 않는다.

사실상 아이디어를 제품화하는 것이 아이디어를 창출하는 것만큼이나 어렵고 디테일한 과정이 필요하다. 제품화가 되어야만 결국 완성체라고 볼 수 있다는 의미다. 어떤 기능의 제품을 설계할 때, 아이디어는 수백 가지가 나올 수 있지만 제품화 과정을 거치게 되면 현실적으로 잘해야 하나의 제품이 완성된다. 그것도 오랫동안 시행착오를 거치면서 말이다.

결국 그 고객사는 자신만의 기술로 제품화를 하려고 노력했지만 실패했다. 그 사이에 다른 경쟁 기업이 우리의 제품을 채택하여 시장을 선점하면서 그들은 많은 손실을 입게 되었다. 결국 뒤늦게 필자 회사의 소프트웨어를 구매했다.

비즈니스를 하면서 이처럼 고객들이 엘리트 의식과 획일성, 편견 때문에 실패하는 경우를 가끔씩 본다. 자신의 아이디어에 감탄하면서 자만심에 가까운 자부심으로 고집스럽게 노력하지만 결국 경쟁력을 상실하는 결과를 초래한다. 그 근본에는 대개 두터운 선입견과 편견이 자리 잡고 있어 새로운 영역을 받아들일 여유가 없다. 그에게 새로운 영역을 수용하기 위한 포기란 있을 수 없고 때로는 목숨을 걸고 지키려고 한다. 그러니 횡포에 가까운 요구 사항을 하청업체나 공급회사에 강요하는 일이 성행하면서, 우리 기업 사회에서 이른바

그림 이연우

'갑을 관계'라는 문화까지 파생한 것이다.

신학자 샘 킨Sam Keen은 그의 저서 '춤추는 신to a Dancing God'에서 성숙한 깨달음이란 개인적 경험의 잔재인 선입견과 편견을 이해하고 보완할 때만 가능해진다고 했다. 스캇 펙 박사는 자기 훈육은 자기 확장의 과정이고 이 과정에서 포기의 고통이란 죽음의 고통이지만 옛 것의 죽음은 새 것의 탄생에 이른다고 말했다.[20] 우리가 새롭고 더 좋은 생각과 이론들을 발전시킨다는 것은 다른 한편으로 옛 생각들이 죽어야 함을 의미한다.

결국 다른 사람이나 다른 문화 그리고 다른 이론 등을 인정하고 수용하는 것은 자신의 선입견이나 편견과 싸워야 하고 때로는 자기의 생각마저 포기해야 하는 것을 의미한다. 즉 나의 소중했던 것들을 포기하는 고통을 견디면서 또 다른 소중한 어떤 것을 내 것으로 받아들이는 과정이 바로 '다양성의 삶'이라 하겠다.

아빠 회사 제품은 하나도 안 살 거예요

몇 년 전 한국의 대기업에서 10년 동안 근무했던 프랑스인 임원이 해당기업에서 겪었던 경험담을 소재로 책을 출간했다. 그런데 책의 제목부터가 '한국인은 미쳤다!'로 가히 도발적이어서 큰 화제가 되었다. 그는 한국 기업과 한국 직원들이 보여주는 일사분란하고 세심한 업무처리 그리고 일에 대한 열정과 에너지를 높이 평가했다. 하지만 그 이면에 나타나는 비인간적인 기업문화를 적나라하게 비판했다. 한국인은 상상을 초월하는 업무량을 소화해내기 위하여 야근은 기본이고 주말까지 나와서 일을 한다. 한편으로는 상사의 눈치를 보면서 온갖 실적 압박과 스트레스의 업무 현장을 자주 목격했으며 본인도 그것을 경험했다. 한국인에게는 가정과 생활이라는 개념은 쉽게 무시되고 그저 일에 묻혀 기계적으로 살아간다는 내용이 주류를 이룬다.[21]

아직도 기억에 남는 내용은 그의 아들이 하루는 "아빠, 앞으로 아빠회사 제품은 하나도 안 살 거예요. 회사가 우리 아빠를 빼앗아갔으니까요."라고 말해서 충격을 받았다고 한다. 그렇다! 많은 우리의 아빠들은 성공을 위해, 돈을 벌기 위해 자녀와의 관계를 희생하고 있다. 필자 역시 해당 기업에서 근무했던 경험이 있었기에 더욱 공감이 되면서도 한편 마음이 무겁다. 더구나 그 회사는 인간존중과 화합을 중시하는 설립자의 철학이 중요한 미덕이었기에 더욱 그렇다.

얼마 전에 국내 유명 대기업에서 근무하는 후배를 만났다. 그는 대학 졸업 후에 주로 외국계 회사를 다녔는데 필드 영업 분야에 꽤 정통했고, 자신만의 독특한 영업 매너와 방식으로 상당한 인정을 받았다. 이후 중간 관리자가 되면서 해당 대기업에 스카우트 되었다. 처음 그의 이직 소식을 들었을 때, 이전 경력들과 비교해 좀 의외의 결정이라고 생각했다. 그가 다녔던 외국계 회사들보다 위계질서가 엄격하고, 경직된 우리 대기업 문화를 잘 감당할 수 있을지 걱정이 먼저 앞섰기 때문이다. 아니나 다를까, 초기에는 그 자신도 이해하기 힘들 정도로 조직문화에 적응하지 못하고 그야말로 좌충우돌, 실수연발의 생활이었다.

전형적인 영업맨으로서 그의 머릿속에는 항상 갖가지의 영업 전략들이 치솟고 그것들을 나름의 방식으로 현장에 적용하고자 했었다. 이러한 적극적인 행동이 이전의 외국계 회사에서는 크게 장려 받았지만 현재의 회사에서는 전혀 통하지 않았다. 따라야 하는 수많은 기존의 관행들과 복잡한 보고체계로 인하여 새로운 전략과 아이디어는 쉽게 허락되지 않았다. 그의 열정적인 성향으로 보아 초기에는 그의 돌출된 행동들이 상사나 동료들에게 당연히 못마땅하게 보였을 것이고 많은 공격을 당했을 것이다. 실제로 이런 일들이 반복되면서 회사에서 그야말로 '왕따'가 될 위기까지 갔었다고 한다. 결국 고심 끝에 우선 자신을 버리고 분위기에 맞추어 살기로 했단다.

그 후 2년 반이라는 시간이 흘러 이제는 조직에서 인정받을 수 있는 자신의 방식을 터득했다고 한다. 그것은 바로 '절대 튀지 말아야 한다.'라고. 필자는 그 자리에서 할 말을 잃었다. 어쨌든 현재 그 친구는 외국 주재원으로 대기업의 프리미엄을 잘 누리면서 살고 있지만, 한편으로는 그가 가진 좋은 전략적 사고와 통찰력이 잘 발휘되지 못하고 묻히는 것이 안타깝다.

수 년 전에 어느 대기업 종합상사에서 벌어지는 우리 직장인들의 이야기를 드라마로 방송하여 큰 인기를 끌었다. 아직 살아남지 못한 존재를 일컫는 바둑 용어가 드라마의 제목이어서 인상적이었다. 회사 내에서 아직 완전한 입지를 확보하지 못한 인턴이나 비정규직 직원의 애환과 힘겨운 생활이 여러 에피소드에 녹아져 있다. 주인공은 프로기사 입문에 실패한 후, 대기업 비정규직 사원이 되어 열심히 노력한 결과 어느 정도 인정을 받게 된다. 하지만 조직의 이기적인 당

(출처 : tvN 드라마 '미생' 캡처)

파문화와 엄격한 계급 체계에서는 살아남기가 어렵다는 현실을 그린 내용이다.

앞의 사례들은 지금도 우리 기업 조직에서 벌어지고 있는 실제 이야기들이다. 조직 저변에 깔려있는 획일성과 파벌주의, 계급의식이 사람을 영혼이 없는 기계처럼 만든다. 마치 스캇 펙 박사가 표현한 '아말감 시스템' 이라는 거대한 시스템 안의 부속품처럼 말이다. 그는 사람이 죽은 후 천국에 들어가기 전에 경험하는 연옥과 지옥을 그린 책 '저 하늘에서도 이 땅에서처럼'에서 '아말감 시스템' 이라는 기업과 그 안에서 기계적으로 일하는 영혼들을 지옥으로 표현했다.[22]

문명은 과학과 기술의 발전으로 더 편해지는데 인간은 오히려 기계화되어가는 이유는 무엇일까? 인간의 본질이 무시되기 때문이다. 다시 말해 사람이 가지는 고유한 특성, 즉 다양성을 살리지 못하기 때문이다. 다양성을 인정하면 자연스럽게 포용의 마음이 생기고 다른 사람의 자존감을 회복시킨다. 그것은 인간성의 회복이자 가정과 사회의 회복으로 이어진다. 특히 기업 조직에서 다양성은 인권의 문제이면서 평등의 문제라고 전문가들은 말한다. 그것도 옳은 말이다. 하지만 그 차원을 넘어서 기업 가치의 문제이고 경쟁력의 문제이기도 하다.

진정 신新주택 계급사회 인가?

“여기는 가난한 사람들이 사는 곳이야. 만지지 마”

어느 임대아파트 엘리베이터에서 한 아이가 층 버튼을 누르려 하자 엄마가 이렇게 말하며 아이의 손을 쳤단다. 최근 어느 신문 기사에 나온 얘기다.[23] 아파트가 도시인들의 주요 주거 형태가 되면서 아파트의 입주나 거주 현황에 따라, 아파트의 브랜드와 크기에 따라 서열이 매겨진다는 것은 공공연한 이야기이다. 하지만 실제 기사를 통해 사실을 접하니 기막힐 노릇이다. 몇 가지 사례를 더 들어보자.

서울의 한 초등학교에서 일반 아파트에 사는 아이가 임대 아파트에 사는 아이에게 임대에 산다고 소문을 내고 놀리면서, 아이들은 물론이고 그 부모들까지도 한바탕 큰 싸움이 벌어진 일도 있었다.

한편 지방의 한 초등학교는 신입생 예비소집 때 임대 아파트에 사는 학생과 분양 아파트에 사는 학생을 따로 분류했다가 학부모들의 거센 항의를 받았다고 한다. 이 사건을 계기로 거주 형태에 따른 차별 금지를 위한 국가인권위법 개정안을 발의하는 현실에까지 이르렀다.

서울 강북의 한 아파트 단지의 출입구는 두 개다. 분양 주민이 주로 다니는 정문과 임대 주민만 다니는 통로로 나뉘어져 있다. 분양 주민들이 스스로 돈을 모아 분양동과 임대동 사이에 철제 펜스를 설치하면서 임대 주민들의 차량은 정문을 이용할 수 없도록 했다. 이 아파트 관리소 관계자는 '정문을 개방하면 임대 아파트 방문 차량이 분양 주민들이 이용하는 주차장에 주차할 수 있고 통행량이 많아 안전사고의 위험도 커진다.'고 설명했단다.

이런 어이없는 현상에 대해 어느 부동산 전문가는 임대 아파트 공급에 제약이 있다 보니 지원 대상을 저소득층으로 제한할 수밖에 없고 이는 '임대 주민=저소득층'이란 공식을 낳게 했다고 말한다. 그

철제 펜스로 가로막힌 임대동 주차장 (출처: 서울신문)

러면서 서구 국가들처럼 임대 아파트 공급을 더 확대해 중산층까지 포섭하면 인식이 점차 개선될 것이라고 하는 등 여러 전문가들이 나름의 해법을 내놓고 있다. 사회학자들이 말하는 소위 '신新주택 계급사회'가 도래한 것이다.

필자는 이 현상을 또 하나의 다양성 문제로 본다. 잘못되고 편협한 공동체 의식이 만들어낸 다양성 문제 말이다. 사실상 우리의 공동체는 협력하는 공동체였다. 그래서 전쟁의 폐허 속에서도 오늘과 같은 경제 성장을 이루었다. 우리의 공동체는 정의의 공동체였다. 독재와 불의에 맞서 싸워 새로운 정치 사회를 이룩했다. 그래서 우리의 공동체 의식은 미덕이었다.

하지만 언제부터인가 공동체 의식은 조금씩 변질되어 가는 느낌이다. 개인의 이기로 인하여 다양성은 천천히 무시되고, 개인의 욕심들이 모여 집단 이기주의로 무장하고 그럴싸한 논리로 자신들의 이익을 주장한다. 다른 사람의 입장을 이해하거나 배려할 만한 여유가 없다.

각 사례의 이면을 들여다보면 우리 사회 전반에 흐르는 집단 이기주의와 획일주의 그리고 비인간화가 드러난다. 그러니 아무리 명석한 전문가가 좋은 해법을 내놓아도 신新주택 계급사회와 같은 파생되는 문제들을 근본적으로 해결할 수 없다. 결국 복잡한 사회 속에서 그런 부정적인 신조어는 계속 나타날 것이고 문제의 악순환은 지속될 것이다.

이제 다양성 존중으로의 패러다임 전환이 필요한 시점이다. 각기 다른 모습의 사람들이 서로 돕고 발전하는 것이 인간의 본질이다. 비록 시간이 걸리고 더디 가더라도 다양성을 생각하는 운동이 일어나야 한다. 성장과 번영만을 위한 기차에서 잠시 내려 다른 사람을 바라보는 여유를 가져야 한다. 세계경제 순위가 10위권에 들어서려는 대한민국이지만 아직도 주변에 하루 세 끼를 걱정해야 하는 노인과 아이들이 있다. 이들을 살펴보는 포용의 마음들이 하나 둘씩 생기면 신新주택 계급사회와 같은 파생되는 문제들은 자연히 사라지게 된다. 그러한 포용의 마음들이 모여 저마다의 다양한 방식들을 서로 배우고 성장한다. 이것이 바로 다양성과 포용의 생활이다.

이보시게 우린 너무 치열하게 살았네

"이보시게 우린 너무 치열하게 살았네"

모임에 나갔다가 어느 선배 한 분이 대화 도중에 한 말이다. 1980년대 청소년 시절에는 오로지 대학 입시에만 올인 하여 지금의 수능격인 학력고사 준비에만 온 정열을 쏟았다. 당시는 매년 80만-90만 명의 수험생들이 학력고사를 치루고 그 중 일부 학생들만이 서울 사대문 안의 대학이나 지방 명문대의 선택을 받았다. 졸업 후, 사회생활은 어떠한가? 생존을 위해, 출세를 위해 싸워 이겨야 할 경쟁자들이 늘 주변에 가득했다.

사실상 당시는 1970년대부터 이어온 경제 정책으로 급속 성장을 해오던 시기였다. 그것마저도 없었다면 베이비붐 세대나 X세대는 정말 먹고 살기가 쉽지 않았을 것이다. 맞다! 우린 너무 치열하게만 살았다. 하나의 울타리 안에서도 '우리'가 아니면 적이 되어 싸워 이겨야 하는 경쟁에 익숙한 시대를 살았다. 우리와 다르면 이방인으로 배척하던 시대를 말이다. 우리와 다른 사람에게 호기심을 갖거나 관심의 대상으로 인정할만한 여유도 사실 없었다.

예전에 철학교수였다가 지금은 농사꾼으로 공동체를 만들어 대안교육에 앞장서고 계시는 윤구병 전 교수님은 그의 저서 '꼭 같은 것보다 다 다른 것이 더 좋아'에서 인간의 다양성을 이렇게 말했다.[24] '우리 인간은 생명체이기 때문에 얼굴 생김은 물론이고 몸매나 신체 기능부터 좋아하는 것, 먹고 싶은 것, 하고 싶은 것, 하기 싫은 것이 저마다 다 다르다.' 이 말은 우리가 다양성 자체를 보편적인 진리로 받아들이고 존중해야 함을 의미한다. 하지만 현실은 어떠한가?

다시 윤 교수님의 말을 빌자면 '우리는 초등학교에서 고등학교까지 꼭 같은 책상과 꼭 같은 의자에 앉아 꼭 같은 칠판에 쓰여진 꼭 같은 내용을 모두가 꼭 같은 공책에 적어 꼭 같이 공부하고 꼭 같은 시험문제로 꼭 같이 평가 받았다. 틀린 답은 얼마든지 있지만 맞는 답

그림 이연우

은 꼭 같이 하나밖에 없다고 배우고 거기에 의심을 품거나 따르지 않은 학생에게는 열등생 낙인을 찍어 사람대접을 하지 않았다.' 실로 공감이 가는 말이지만 슬픈 현실이다.

다음은 어느 교장 선생님이 우리 교육의 획일성을 주제로 쓴 칼럼에 나오는 이야기를 요약한 것이다.[25]

많은 사람들로 북적이는 복잡한 거리들을 내려다보고 왕이 말했다. "왜 이리 질서가 없느냐. 모든 길에 방향을 표시해 백성들이 그 방향으로만 다니게 하여라." 그대로 실시하여 모든 사람이 표시된 방향으로만 이동했다. 그런데 일부 바쁜 사람들이 다른 사람들을 앞지르는 것을 보고 왕이 다시 명령했다. "서로 먼저 가려고 다투고 있으니 차례로 줄지어 다니게 하라." 그대로 실시하자 왕은 길마다 똑같은 모습의 행렬로 그리고 똑같은 걸음걸이로 다니는 질서 있는 모습에 크게 만족했다. 어느 날 바닷가 길에 있는 중요한 표지판 하나가 바람에 날아가 버렸다. 그 길로 향하는 백성들의 행렬은 표지가 없어 그대로 바다로 향하면서 모두 죽게 되었다는 이야기다. 공동체에서 제도와 규정은 질서를 위해 중요하다. 하지만 사람의 개성과 다양한 가치가 먼저다. 그것을 희생하면서까지 지켜야 하는 제도는 아무 의미가 없다.

어느 교육학자는 현재의 우리 교육이 중심 가치와 변방의 가치가 충돌하고 있는 중이라고 말한다.[26] 지금 우리 교육의 중심 가치는 학벌주의와 학력주의, 경쟁과 입시, 진학교육, 성적이다. 많은 학생과 부모들이 중심 가치를 잡으려고 공부를 많이 시키는 학교나 선행학습에 집중하는 학원 등을 찾아다니면서 명문대학을 보냈다. 문제는 지금 교육의 중심 가치로는 자신이 가진 고유한 능력이나 적성을 발견할 기회가 별로 없다는 것이다. 그저 정해진 코스만을 따라가는데 익숙하고 자기의 적성과 비전을 보고 학과를 선택하는 것이 아니라, 점수에 맞는 학과를 지원하는 학생들이 여전히 많은 것 같다. 적어도 필자가 다닐 때는 대부분 그랬다. 그러니 명문대를 졸업해도 백수신세가 적지 않은 것이다.

다행히도 얼마 전부터 새로운 패러다임의 흐름이 변방의 가치로 나타나고 있다. 변방의 가치는 학생의 다양한 재능과 고유한 가치를 살려 협력과 전인적 성장, 혁신학교, 진로교육, 행복을 추구하는 것에 맞추어져 있다. 미래를 위해 오늘을 고통스럽게 사는 것이 아니라, 오늘 행복한 아이가 내일도 행복하게 살 것이라는 믿음이 중심 가치로 이동하려고 한 바탕 전투를 준비하고 있다. 그러면서 장수도 여러 번 바꿔보고 전략도 계속 수정하면서 실험을 하고 있다. 얼마 전에 역사 교과서를 국정화하려는 획일화된 전술에도 용감하고 꿋꿋하게 버텨낸 것은 매우 고무적인 일이다. 이제 다양성이란 지혜의 무기로 무장하고, 새로운 패러다임의 흐름들이 우리 교육의 중심 가치로 들어가도록 노력하자. 하지만 그것은 결코 쉽지 않은 싸움일 게다.

어느 아이의 재능도 잃어버릴 여유가 없다

어느 교육 방송에서 핀란드의 교육제도를 보여주는 시사 프로그램을 보고 크게 공감한 적이 있었다.[27] 핀란드는 한반도의 1.5배가 되는 크기인데도 인구는 약 550만으로 서울 인구의 반 정도다. 사실 일반인들은 잘 모르지만 역사적으로 핀란드는 무려 700년간의 식민지배를 받았다. 그리고 보유한 물질 자원도 부족하여 핀란드 사람들은 늘 생존을 위해 싸워왔다. 결국 핀란드 정부는 인적자원, 즉 사람만이 나라를 살리는 길로 생각하고 합리적이고 질적인 교육을 위해 노력해 왔다.

그리고 20세기 후반에 새로운 교육 혁신을 위한 실험을 시작했다. 그들은 말한다. '우리는 어느 아이의 재능도 잃어버릴 여유가 없다. 교실에서의 경쟁은 의미가 없다. 협동만이 살길'이라고. 실험의 목표는 같은 배를 탄 학생들이 한 명의 낙오자도 없이 무사히 항구에 이르게 하는 것이다. 하지만 1980년대 당시의 전 세계 교육방향은 우수한 인재를 키우기 위해 서로 경쟁을 장려하는 실용주의적 교육을 목표로 하고 있었다. 우리나라 역시 그것을 충실히 따랐던 국가였다.

하지만 핀란드는 과감히 그런 목표에 상반되는 방향을 설정했다. 성적표는 있지만 등수는 없다. 단지 각자 자기의 재능을 위한 목표에 얼마나 달성했는지가 중요하다. 한 사람도 낙오자 없이 각자가 설정한 목표대로만 진행하는 것이다. 경쟁대상이 친구가 아니라 먼저 내 자신이다. 단지 9년 교육과정 후 한 번의 정부 공식 시험이 있다. 그 시험의 첫째 목적은 단 한 명의 낙오자라도 없애기 위한 것이란다. 혹시라도 부진아가 있으면 이들을 위해 상당한 교육 예산이 사용된다. 결국 세계에서 학생 간 학업 성취도 차이가 가장 적은 나라가 되었고 이러한 교육 철학이 현재도 계속 유지되고 있다.

필자도 개인적으로 핀란드와는 인연이 좀 있다. 한때 핀란드에 본사를 둔 글로벌 회사를 다닌 적도 있고, 헬싱키에 위치한 대학에서 경영학 공부도 했다. 특히 각자의 재능을 소중히 여기고 협력을 강조하는 문화, 즉 핀란드식 다양성과 포용의 문화를 이때 잘 알게 되었다. 당시 본사로 출장을 가서 현지 직원들과 일할 기회가 있었는데, 그들이 소통하는 방식이나 서로를 인정하고 협력하는 모습이 매우 인상적이었다.

	핀란드	한국
국제학력평가	세계 1위	2~3위 (딱 여기까지만 비슷)
교육재정	GDP 대비 6.0%	4.4% (애개~)
무상교육	○ (대학까지, 교통비도)	× (의무교육에서도 못하는데)
학벌사회	×	○
사회복지	○	× (짤리면 죽는다)
대학서열	×	○ (SKY만 대학)
대입경쟁	× (대학입학자격고사)	○
사교육비	× (그게 뭐예요?)	○
일제고사	×	○
줄세우기 시험	× (교사가 도와주는 시험)	○ (컨닝하면 죽는다)
학생간 비교	× (그게 교육인가요?)	○ (그게 교육이래요)
성적표상 석차	×	○ (떨어지면 죽는다)
학교 차별	×	○ (교복에서 마크 떼라)
학급, 분단 차별	×	○ (우리 애가 왜 열반이냐)
교육과정	다양(교사 자율)	획일 (교사는 시키는 대로)
영재교육	×	○ (돈칠하면서 만들기 대작전)
특수교육	○ (매우 발달)	×
보충수업	○ (매우 발달, 본래 의미로)	× (보충수업이라 부르긴 하나)
평준화	○ (매우 극단적)	× (고교의 경우, 절반만)
공부	"하고 싶을 때 하는 것"	"싫어도 억지로 책상에 앉기"
외부 평가	"꼴찌도 행복, 부럽다"	"일등도 불행, 부럽진 않다 "
교육에 대한 생각	교육(education)	경쟁(competition)

핀란드와 한국의 학교교육 비교 (출처: 김광수경제연구소포럼)

예컨대 해결해야 할 중요한 비즈니스 과제가 있다면 먼저 문제의 핵심들을 세부 단위로 나눈다. 그리고 그것을 각각 최적의 전문 직원에게 맡기고 서로 긴밀히 협력하여 해결할 때까지 회사는 지원한다. 이런 방식이 독자에게는 쉽게 보일런지 모르겠지만 실상 기업의 시스템과 문화적인 부분이 따르지 않는다면 어려운 일이다. 그 회사의 표어를 보면 잘 알 수 있다. 그것은 'Connecting People'이다. 이쯤 되면 핀란드식 교육 제도가 이해가 된다.

한편 세계 학력평가에서 핀란드가 1위, 한국이 2위로 결과가 발표되자 한국 교육 관계자는 웃으며 핀란드 교육관계자에게 말을 걸었다. "허허, 근소한 차이로 저희가 졌습니다." 그러자 핀란드 교육 관계자가 차갑게 대답했다. "저희가 큰 차이로 앞섰습니다. 핀란드 학생들은 웃으면서 공부하지만, 그쪽 학생들은 울면서 공부하지 않습니까?" 이어서 "한국 학생들이 세계에서 가장 우수한 학생들에 속하는 것은 사실이죠. 하지만 세계에서 가장 행복한 아이들이 아니에요. 공부를 많이 해야 하고 아이들 사이의 경쟁이 치열하니까요. 한국 학생들은 핀란드에 비해 공부에 대한 의욕이 낮아요. 그래도 성적은 좋죠. 왜일까요? 바로 경쟁 때문이죠."[28]

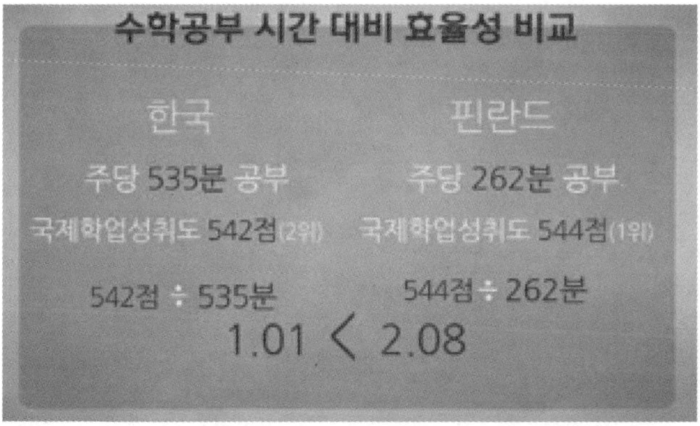

(출처: 보건복지가족부)

필자는 교육 전문가는 아니다. 하지만 적어도 왜 교육이 중요한지 그리고 우리나라의 교육이 어떻게 잘못되었는지는 짚어낼 수 있다. 이미 필자의 다른 칼럼에서[29] 언급했듯이 교육 안에서의 지나친 경쟁, 특히 현재의 획일적인 교육 체계에서의 경쟁으로 아이들이 가진 고유한 적성과 능력은 무시당하기 쉽고 공부는 그저 하나의 고행이 된다.

필자가 생각하는 교육은 사람마다 가진 고유의 가치를 찾아서 살리고 확대하는 일이며, 그것이 조화를 이루면서 사회를 발전시키는 것이다. 바로 다양성을 존중하는 삶의 철학과 일치한다. 다양성의 철학을 기반으로 우리 아이들 각자의 개성과 가치를 살리는 즐거운 교육 현장이 되기를 진정으로 바란다. 그런 면에서 우리가 핀란드의 교육방식을 한 번쯤은 벤치마킹해 볼 필요가 있지 않나 싶다.

원숭이, 팬더곰, 바나나 중에 서로 관련된 것은?

언젠가 동국대 성상현 교수님의 칼럼[30]에서 다양성에 대한 재미있는 내용을 본 적이 있다. 동양인과 서양인의 차이를 살펴보는 재미있는 설문 사례다. 내용은 간단하다. 동양인 그룹과 서양인 그룹에 '원숭이와 팬더곰, 바나나 중에서 서로 관련된 것 두 개를 고르시오'이다.

설문 결과, 동양인 그룹은 대부분 원숭이와 바나나를 선택했다고 한다. 그런데 서양인 그룹은 원숭이와 팬더곰을 골랐다. 왜 이런 결과가 나왔을까? 그것은 동양인이 바라보는 특징은 서로간의 관계에 주목한다는 것, 즉 관계 중심적 사고를 한다는 것이다. 반면에 서양인은 공통의 속성을 중요하게 보는 속성 중심적 사고를 한다. 그래서 포유류라는 속성의 공통점을 먼저 본 것이다. 이렇듯 동양인과 서양인은 중심적인 사고가 다르다.

같은 칼럼에서 언급한 전통 초상화의 사례에서도 볼 수 있다. 동양인의 초상화는 인물뿐 아니라 지위나 계급을 알아보는 옷차림과 액세서리에도 신경을 쓴다고 한다. 즉 그 사람의 배경을 중요하게 생각한다. 반면에 서양인의 초상화는 인물자체의 모습과 특징에만 충실하다. 독자들도 한번 확인해 보라.

누가 원숭이와 바나나를 선택했든, 원숭이와 팬더곰을 선택했든 간에 둘 다 답이다. 또한 초상화가 인물만을 중심으로 하든, 배경을 중시하든 어느 것이 더 중요하다고도 할 수 없다. 다만 생각이 다를 뿐이다.

기업의 활동영역이 글로벌 시장으로 확대되면서 주변에 외국인을 흔하게 볼 수 있다. 그들은 대부분 동료 한국인들이 언어나 생활

그림 이연우

방식 등에서의 어려움을 알고 대체로 배려를 잘해준다고 한다. 즉 겉으로 드러나는 차이는 쉽게 잘 파악하고 이해해 주면서 도와준다는 것이다. 하지만 사고의 차이, 즉 보이지 않는 생각의 차이로 많은 갈등을 겪는다고 말한다.

필자도 주로 외국계 기업에서 근무했기 때문에 직업 특성상 많은 외국인들과 일을 해야 했고, 다양한 국적, 문화, 종교, 인종의 친구들과 교류해 왔다. 그런데 그 친구들이 우리 고객이나 파트너와 미팅을 하면 흔히 잘 이해하지 못하는 것이 있다. 그것은 조직 속에 만연해 있는 획일성과 계급의식이다. 때로는 막무가내식의 요구를 하면서 다른 국내 기업들과 비교하는 소위 '갑질'을 하는 모양새나, 엄격한 상하관계로 인한 비효율적인 업무 진행 등을 그들은 도무지 이해할 수가 없다.

농담이지만 그 친구들에게 가장 많이 듣는 말이 있다. 이제까지 여행했던 나라 중에서 우리나라의 여성들이 가장 예쁘다고 말이다. 물론 대부분 남자이기 때문에 이성에 관심을 두는 것은 당연하다. 하지만 그 다음 말이 마음을 씁쓸하게 한다. 가장 예쁘지만 모두가 똑같이 보인다고 한다. 물론 모두 '미인이다'로 해석할 수 있지만 한편으로는 개성이 없는 인공적인 미를 추구한다는 의미로도 들린다.

다양성을 인정하는 문화 속에서 살아온 친구들에게 그런 반응은 당연한 현상이다. 하지만 단순히 사고의 차이로 보기보다는 한번쯤은 우리 자신을 성찰해 보자. 흑백논리 중심의 사고가 관계 중심의 사고로 둔갑한 것이 아닌지, 편협한 획일성으로 반대를 위한 반대를 주장하고 있는지 말이다.

물론 관계 중심적 사고 자체는 중요하다. 하지만 지나치게 관계를 중시하면 독이 될 수도 있다. 남성과 여성, 신, 구세대, 학연과 지연 등 많은 사조직과 사모임이 생기고, 때로는 '우리 아니면 적'이라는 극단적인 대립도 생긴다. 오래 전에 회식자리에서 건배사로 유행했던 말이 갑자기 떠오른다. 그것은 '우리가 남이가?' 라고 선창하면 전체가 '아니오!'를 연호한다. 이 말뜻 안에 뭔지 모르는 배타성이 묻어있다.

이것이 우리의 다양성 인식이다. 경제나 교육, 사회 현장에서는 공동체의식이라는 명분으로, 단합이라는 명분으로 동질성만을 강조해왔다. 세상의 문제를 주로 옳고 그름의 단순한 패러다임으로만 판단했다. 이것이 바로 다름을 인정하지 않았던 오래된 우리 의식의 문제이고, 다양성을 고려하지 않았던 우리 교육의 문제라고 필자는 생각한다. 그러니 결코 하루아침에 바뀌지는 않을 것이다. 지금부터라도 교육현장에서, 기업에서, 정치권에서 천천히 다양성 인식의 공감대를 형성해 나가야 하지 않을까?

획일성이 아니고 통일성이야

얼마 전 어느 목사님의 인상 깊은 설교를 들은 적이 있다.[31] 두 가지 사건에 관한 내용인데 기독교인이 아닌 사람들도 비교적 잘 아는 오순절의 성령강림 사건과 창세기의 바벨탑 사건에 관한 얘기다.

오순절 성령강림 사건은 예수 승천 후에 다락방에 모인 제자들에게 예수가 생전에 약속했던 성령이 내려진 사건을 의미한다. 성령이 내리자 각 사람은 서로 다른 말, 즉 방언으로 기도를 했고 그 격식과 형식은 다양했다. 이것은 성령의 기적과 친교라는 측면에서 기독교 교회의 시작점이라고 볼 수 있는 위대한 사건이다.[32] 성령강림 사건은 예수를 중심으로 다시 모인 그리스도인들이 한마음을 회복한다는 정신으로, 기독교 공동체의 새로운 시작점인 것이다.

다음은 창세기의 바벨탑 사건이다. 높고 거대한 탑을 쌓아 하늘에 닿으려 했던 인간들의 오만한 행동에 분노한 하나님은 본래 하나였던 언어를 여럿으로 분리하는 저주를 내렸다. 바벨탑의 건설은 결국 혼돈 속에서 막을 내렸고, 탑을 세우려 했던 인간들은 서로의 불신과 오해 속에 다른 언어들과 함께 전 세계로 뿔뿔이 흩어지게 된 사건이다.[33] 바벨탑 사건 이전에는 '온 땅에 언어가 하나요. 말이 하나였더라.' 라고 성경에 기록된 것처럼 언어가 하나였다. 하지만 하나님께서는 인간들의 오만 방자한 마음을 보시고 그것을 흩어버리신 것이다.

위의 두 사건에서 우리가 눈 여겨 봐야 할 중요한 시사점이 있다. 먼저 언어가 하나가 되는 것 즉 격식이나 형식이 진정 중요한 것은 아니라는 것이다. 오히려 하나의 언어가 되니 인간들은 오만하게 되었다. 그러나 성령이 각 사람에게 임할 때는 각각 다른 언어로 다른 모양으로 내려졌지만 전체의 내용물은 통일을 이루었다는 것이다. 성경에서 얘기하기를 '각 언어로 하나님의 큰 일을 말하고 있었다.' 라고 했다.

여기에서 우리는 통일성과 획일성의 차이와 그 의미를 새겨봐야 한다. 흔히들 하는 얘기가 있다. 공동체 속에 속한 각각의 개인은 더없이 훌륭하고 좋은 사람인데, 왜 다른 공동체와 만나기만 하면 자꾸 헐뜯고 싸우는지. 특히 정치 공동체에서 자주 보는 현상이다. 언론이나 학계에서도 진보와 보수, 이분법적 논리로 매사를 설명하거나 결정하려 한다. 이것이 바로 획일성이다. 다행히 실패로 끝난 정책이지만 몇 년 전에 역사 교과서를 국정화 하겠다는 방침이 있었다. 우리의 위대한 역사를 하나의 기준으로 평가하고, 하나의 렌즈를 통해 우리의 후대에게 주입시키겠다는 지극히 위험한 발상이고 이것이 획일성의 극단적인 사례가 된다.

한편 위의 두 사건으로 목사님이 강조한 것은 통일성이다. 통일성은 격식의 통일이 아니다. 역설적이지만 이 통일성이 곧 다양성을 의미한다. 즉 통일된 공동체의 정신은 각 사람의 기질과 능력을 인정하면서, 내용물에 있어서는 통일을 이루는 정신을 말한다. 예컨대 우리나라가 성장하려면 더 많은 진보가 출현해서 지경을 더 넓혀나가고, 보수가 기존의 가치를 잘 지켜내면서 진보와 서로 조화를 이루어야 한다는 것이다. '모두 진보로 가야 해 또는 모두 보수로 가야 해'가 아니라, 다양한 형태의 진보와 보수가 나라 사랑하는 마음으로 모여 더 큰 나라사랑이 되어야 함을 의미한다.

(출처: 샘터)

통일성을 이루기 위해서는 무엇보다도 다양성을 바라보는 아량의 철학이 필요하다. 성철스님은 '함께 사는 일은 서로의 다름을 존중하고 서로의 부족함을 인내하는 순간들이 모여 더욱 아름다워지는 것이다'라고 말했다. 한편 이해인 수녀님은 공동체의 통일성을 다음과 같이 꽃과 꽃술에 비유했다.[34]

'공동체에서 함께 사는 이들의 겉모습이 하나의 꽃이라면, 겉만 보고 잘 알 수 없는 그들의 내면이 꽃술이 아닐까 생각해본다. 다양한 모습을 한 꽃이 저마다의 다른 꽃술을 지니고 있듯 사람 또한 그러하다. 우리는 누구나 타인을 있는 그 모습으로 존중하고 인정할 때 참된 우정과 평화가 가능하다는 것을 안다. 물론 실제로는 그렇지 못할 적이 많아 인간관계의 어려움을 겪게 되는 것이지만.'

'어떤 사람은 성격이 급하고 날카로워 보여 다가가기 힘들지만, 그 속을 잘 들여다보면 누구도 따를 수 없는 지혜와 분별력의 예리한 꽃술이 자리 잡고 있다. 그 꽃술은 복잡한 상황을 단번에 정리해주는 명쾌함이 있다. 어떤 사람은 매우 느리고 답답해 보이지만, 알고 보면 모든 이를 차별 없이 감싸 안는 포근한 사랑의 꽃술로 위로를 준다. 어떤 사람은 덜렁대고 말이 많아 보여도 그것은 부분적일 뿐, 항상 주위를 밝고 환하게 만드는 명랑함의 꽃술로 기쁨을 준다. 또 어떤 사람은 무뚝뚝하고 재미없어 보이지만 사실은 누구보다 깊고 어진 심성을 지니고 있어 신뢰를 주며, 어떤 일이 닥치면 희생과 책임감의 꽃술로 의리를 지킨다. 그러니 나와 다른 여러 사람을 사랑하지 않을 이유는 없다. 숨어있어 못 보았던 그들의 장점과 특성을 잘 발견해 기쁨을 누리기만하면 된다.'

다른 사람의 다양한 재능과 능력을 발견하여 자신의 것과 조화를 이루고, 이것이 삶에 긍정적인 영향을 주면 결국 행복에 이르는 것이다. 그것이 바로 성경에서 말한 '서로 합력하여 선을 이루라'는 다양성의 진리가 아닐까?

경험은 결코 늙지 않아요!

- 영화 '인턴'을 보고

얼마 전 간만에 인상 깊은 영화 '인턴'을 봤다. 사실 필자가 다양성에 관심이 없었다면 아마 별로 감흥을 얻지 못했을 것이다. 다양성의 시각으로 영화를 보면서 세대 다양성이 우리 사회에서나 기업 조직에서 얼마나 중요한지를 다시 한 번 깨닫는 계기가 되었다.

오늘의 사회는 전통 세대부터 밀레니얼 세대를 지나, 인터넷 제너레이션Internet Generation을 일컫는 N세대에 이르기까지 여러 세대가 함께 살아간다. 그리고 모든 사회의 근간에는 끊임없이 발전하는 디지털 기술이 경제 전반의 구조를 빠르게 변화시킨다. 기업들 역시 신기술과 역동적인 응용도구에 힘입어, 창의적인 개발력과 마케팅으로 승부를 건다. 물론 이러한 혁신 사회를 이끌어 가는 젊은 세대들은 디지털 세대답게 발 빠르게 움직이고 적응하면서 살아간다. 반면에 이미 은퇴하거나 은퇴를 앞둔 선배 세대는 자꾸 우리에게 소중한 무엇인가를 잃어가고 있다고 얘기한다.

필자에게 영화 '인턴'은 세대 간 다른 렌즈를 통해 복잡한 문제들을 어떻게 바라보고 해결하는지가 메인 주제다. 즉 디지털 세대의 편리함과 아날로그 세대의 감성이 세대의 다양성이라는 프레임을 통해 문제 해결의 새로운 통찰을 엿볼 수 있다.

영화 '인턴'의 배경은 인터넷 의류 유통회사를 창업하여 당당히 중견기업으로 일으킨 30세의 당찬 여성 CEO 줄스의 이야기로 시작한다. 그녀는 일에 한해서는 까탈스러울 정도로 완벽을 추구하면서 열정이 대단하다. 하지만 기업이 성장하면서 여러 이해관계자들과의 관계에서 어려움을 겪게 되고, 가정에서는 전업주부를 자청한 남편과의 갈등, 워킹맘의 역할로 고민이 더해간다. 그녀는 처절하게 시간을 다투면서 도전들을 극복하려고 노력하지만, 삶의 무게는 상상했던 것 이상이어서 감당하기가 어려워지고 점점 지쳐간다. 그때

영화 '인턴'에서의 한 장면 (출처: 네이버 이미지)

우연히 시니어 인턴으로 채용된 70세의 벤이 그가 체득한 인생의 통찰로 줄스를 도우면서 어려움을 풀어가는 내용이다.

과거에 벤이 부사장까지 오르면서 젊음을 바쳤던 회사는 종이 전화번호부를 만드는 기업이었다. 한때는 최고의 기업 중의 하나로 각광을 받았지만 지금은 시대의 유물이 되어 없어지고 바로 줄스의 회사가 그 자리에 들어섰다. 한편 벤은 아내를 잃은 슬픔과 일상의 무료함을 달래기 위해 흔히 무시되는 인턴 자리이지만 지원하게 된다. 벤의 인턴 생활은 여전히 전통 산업사회에서나 볼 수 있는 모습이다. 첨단의 인터넷 상거래 회사에 걸맞지 않은 구식의 타이와 정장차림으로 출근하고, 태블릿이나 스마트 기기보다는 노트와 만년필을 들고 다닌다. 혼자 일하는 것에 익숙하면서 완벽함을 추구하는 줄스에게는 그런 벤이 처음에는 부담스럽고 다소 못마땅하기도 해서 그냥 인턴 비서로 방치를 한다.

온갖 산전수전을 경험했던 벤은 새로운 차원의 도전 앞에서 좌절하는 CEO 줄스를 회사 일이든, 가정 일이든 인생의 깊은 통찰로 코칭하면서 문제를 해결해간다. 여기서 다시 한 번 삶의 균형과 다양성의 의미를 되짚어 볼 수 있었다. 영화에서 벤은 줄스에게 이렇게 말한다. '경험은 결코 늙지 않아요. Experience Never get Old.'

오늘의 시대를 다니엘 핑크는 '하이컨셉High Concept의 시대'라 했다.[35] 즉 개인의 능력으로 기회를 감지하고 예술적 아름다움을 창조하듯이, 관계없어 보이는 여러 아이디어를 결합해 새로운 비즈니스를 창조하는 능력이다. 줄스는 근면함과 노력으로 하이컨셉에 걸맞은 비즈니스를 이루었다. 하지만 그녀에게 뭔가 부족한 것이 있었다. 그것은 다니엘 핑크가 덧붙여 말한 '하이터치High Touch의 능력'이다. 즉 다른 사람과 공감하고 미묘한 인간관계를 잘 다룰 줄 알면서 삶의 목적과 의미를 발견해 이를 추구하는 능력이다.

하이터치의 능력은 오랜 경험과 자기 성찰을 통해서 얻어지는 감성적인 아날로그와 같은 능력이다. 톡톡 튀는 아이디어와 열정적인 줄스는 디지털적 능력은 뛰어나지만 차마 감성적인 아날로그를 배울 틈이 없었다. 그래서 그녀의 삶에 벤의 하이터치 능력이 필요했던 것이다. 우리 주변에도 벤과 같이 비록 좀 느리지만 일일이 노트에 필기하면서, 피할 수 없는 도전을 인내하고 단단해진 선배들이 있다. 그들은 어느 조직에서나 인생의 멘토가 되어 공감하는 능력을 가르쳐준다. 또한 인내심과 여유가 뭔지도 깨닫게 해준다.

그런데 그들이 느리다고, 시대에 맞지 않는다고 무시한다면 우리는 너무나 중요한 가치를 잃는 것이다. 벤은 말한다. '손수건은 나를 위해 소지하는 것이 아니라 남에게 빌려주는 것이다'라고. 이제는 가끔이라도 마음을 열어놓고 선배들의 생각과 비판을 받아들이면서, 성찰해보는 삶도 필요하지 않을까 싶다. 영화에서 줄스의 동료 임원이 힘들어하는 그녀에게 이런 말을 했다. 'Try to be opened as possible, 가능한 마음을 열려고 노력해 봐요'

논쟁을 즐겨라 - 유대인의 다양성 1

'유대인 세 명이 모이면 네 가지 의견이 생긴다'라는 말이 있다. 이것은 유대인의 정신이자 삶의 지침서인 탈무드에서 유래된 교훈이다.[36] 이스라엘의 언어인 히브리어에서 '히브리'는 대안(對岸)에서서 강 건너편을 바라본다는 뜻이라고 한다. 이것은 곧 사물을 바라볼 때 거리를 두고 바라보아야 한다는 것이고 여러 가지 견해를 가질 수 있다는 의미다.

또한 탈무드에는 '만약 모든 사람이 한 방향으로만 간다면 세계는 기울어지고 말 것이다'는 말이 있다. 그래서 유대인들은 한 문제를 두고 다른 의견들을 중요하게 생각한다. 어떤 경우에는 고의로 다른 견해를 끌어들여 문제를 바라보기도 한다.

예를 들어 유대인들이 모여서 어떤 문제를 의논할 때 그 자리에서 단번에 의견 일치를 보면 먼저 그 상황을 이상하게 생각하고 의심한다. 그래서 이럴 때는 다른 여러 가지 반대의 의견을 끌어들이려고 노력하고 대비해 보는 습관이 있다.

실제로 탈무드에는 이런 이야기가 있다. 법정에서 어떤 사람을 극형에 처할 경우, 판사 전원이 일치하면 무효가 되고 다시 한 번 증거조사를 한 후에 재투표를 한다. 이것은 사람의 의견이 완전히 일치할 수 없다는 탈무드식 발상이다. 특히 중요하거나 엄중한 결정을 내릴 때는 더욱 그렇다. 사형 판결을 내릴 때도 판사단의 각 판사가 피고의 무죄 가능성에 대하여 적어도 한 가지씩 변론을 해야 한다고 한다. 이렇듯 유대인은 모든 개인이 다른 것처럼 다양한 의견이 존재하는 것을 당연하고 또 필요한 것으로 여긴다.

그래서 유대인들은 토론을 좋아한다. 그들에게 논쟁은 싸움이 아니라 소통 그 자체다. 탈무드의 대부분의 내용도 논쟁으로 이루어져 있다. 논쟁은 지적인 활동이자 배움을 위한 원천이다. 탈무드란 말

그림 이연우

도 '깊이 배운다'라는 의미이다. 즉 논쟁을 통해 깊이 배우는 것이 바로 탈무드의 기본 원리이다. 그래서 어떤 학자는 '탈무드를 관통하고 있는 것은 토론이며, 탈무드적 발상을 지탱하고 있는 것은 논쟁이다'라고 말했다. 유대인에게는 건전한 대립이 발전으로 가는 과정이라고 생각한다.

또한 탈무드식 생각에는 '좋은 의견에는 인격이 없다'는 말이 있다. 좋은 아이디어는 그 자체가 좋은 것이지 생각을 낸 사람과는 분리해서 봐야 한다는 의미다. 유대인들은 기본적으로 다른 사람의 아이디어가 자기의 생각과 대립이 돼도 논쟁을 통하여 그것이 옳다고 판단이 되면 받아들인다. 그래서 유대인들은 먼저 자기의 생각을 의심하면서 항상 열어놓고 다른 사람의 생각을 존중해야 한다는 태도가 저변에 깔려있다.

이쯤에서 우리와 비교해보자. 예로부터 우리는 동방예의지국의 면모를 갖춘 민족으로 예를 통한 화합을 중시해왔다. 그래서 훌륭한 공동체의식으로 단결과 협력을 미덕으로 여기고 역사의 모든 도전을 극복해왔다. 그러다보니 논쟁 자체를 꺼리고 같은 공동체 안에서 대립하는 것을 싫어한다. 자기의 주장을 고집하기보다는 가급적 양보를 통해 협력해 나가는 것을 좋아한다. 물론 이러한 공동체의식도 우리에게는 중요하면서도 소중한 유산이다. 다만 여기에서 파생되는 획일성이 바로 문제가 된다.

예를 들어 회의 중에 자기와 대립되는 의견이 나오면 자기만의 논리로 방어하기 바쁘고, 다른 사람의 생각을 잘 들으려고 하지 않는다. 토론을 하다가 다른 사람의 생각이 채택이 되면 자존심을 상해하거나 패배의식에 빠지는 경우도 흔하다. 즉 자기와 다른 생각을 가진 사람을 못마땅하게 여기거나 때로는 무조건 비판하기도 한다. 최근 우리 국회의 일부 국정 감사장에서 벌어지는 행태들이 비슷한 상황을 연출한다. 어떤 곳은 정견을 제시하는 곳이 아니라 가히 전쟁터다. 어떤 곳은 발전된 대안이 아닌 대립을 위한 대립만을 펼친다.

탈무드에는 인간이 왜 귀가 두 개이고 입이 하나인지에 대한 답이 있다고 한다. 그렇다고 유대인들은 조용히 듣기만 하지도 않는다. 자기주장을 세우려고 소리를 지르고 언쟁하는 것을 서슴지 않는다. 때로는 심한 논쟁으로 주제에서 벗어난 엉뚱한 결론을 내는 경우도 있고, 때로는 많은 시간을 낭비하는 경우도 비일비재하다. 다만 그들은 자기 자신마저 의심하기 때문에 자기 안에도 갖가지 대립되는 생각들로 차 있다. 그래서 자기와 대립되는 다른 사람의 의견을 들으면서 비교해보는 마음가짐이 있다. 그러니 듣는 것에 충실하지 않을 수 없다.

진정한 토론과 논쟁은 조직에 새로운 활력과 발전의 원동력이 된다는 것을 누구나 안다. 우리가 가진 협력의 공동체의식을 잘 지키면서 논쟁에 임하는 것이 두렵다는 것도 잘 안다. 하지만 조금씩만 바꿔보자. 여러 사람의 다양한 의견을 듣고 토론하는 것을 즐겨보자. 의견과 의견을 내는 사람은 무관하다는 패러다임으로 전환하자. 어떠한 아이디어건 문을 열고 관심 있게 경청하면서, 자기의 생각도 거리를 두고 바라보는 여유의 탈무드식 방법도 한번 배워보자.

프랜차이즈일까, 단골집일까

- 유대인의 다양성 2

도심을 걸어 다녀보면 자주 눈에 띄는 것이 있다. 커피숍이다. 언제부터인가 우리에게 커피숍은 일상에 필요한 문화 공간으로 자리 잡았다. 대개 주변의 직장인이나 학생들에게 여유로운 휴식을 즐기는 공간이거나 혼자서 개인 활동을 하는 장소이기도 하다. 그래서 사

그림 이연우

람들은 보통 가까운 거리에 있는 프랜차이즈 커피숍을 찾는다. 하지만 어떤 찻집이나 커피숍은 멀리서부터 찾아오는 단골손님이 많은 경우가 있다. 그 이유는 여러 가지다. 특이한 인테리어, 주인의 편안한 서비스 아니면 독특한 맛을 지닌 커피나 메뉴들 등등. 이런 단골집은 주변의 상권이 발달하여 경쟁 커피숍이 얼마가 있든, 주변을 오가는 사람들이 많든 적든 별 의미가 없다.

인간도 마찬가지다. 자신만의 특별한 개성이 없이 그저 찾아오는 주변 손님들과만 지내는 '프랜차이즈형'이 있는가 하면, 멀리서도 관심을 갖고 반갑게 찾아오는 '단골집형'이 있다. 어느 쪽이든 자신의 개성을 어떻게 만들고 마케팅 하느냐에 달려있다. 하지만 대부분은 아마 특정한 상권에 관계없이 많은 사람들에게 호감을 받고 언제든지 찾아와 나누고 싶은 단골집형 인간이 되고 싶을 것이다.

탈무드에는 '자기가 진보하지 않으면 세계는 발전하지 않는다.' 라는 말이 있다.[37] 유대인은 자기의 진보가 곧 세계의 발전이라고 생각하는 강한 개인의식이 있다. 이러한 개인의식은 역사적으로 그리스도인에게 당한 모진 시련과 굴욕의 시기가 있었기 때문이라고 한다. '루프트맨슈'라는 말이 있다. 이것은 유대인의 동유럽 언어의 단어인데 '루프트'는 공기라는 의미이고 '맨슈'는 인간을 의미한다. 즉, 공기와 같은 사람이 되라는 것이다.

중세 이후 대부분 유대인들은 유럽 각 지역에서 유대인만을 강제 격리하기 위해 설정한 거주지역인 게토Ghetto안에서만 살았다. 게토의 유대인들은 그리스도인들에게 모든 기회를 박탈당하고 가난을

면치 못하는 하루살이 신세였다. 루프트맨슈는 그런 상황에서 약간의 틈만 있어도 공기처럼 침투하여 기회를 잡았던 유대인들을 빗대 생겨난 말이다. 이렇듯 처절한 생존의 삶을 살아가면서 유대인들은 항상 자신의 육체와 정신을 똑바로 하고 모든 상황을 종합해 연구하는 능력을 키우게 된다. 즉 시련과 연단을 통하여 만능선수로서의 유연성과 적응력이 자라게 된 것이다. 이때 유대인에게는 일에 대한 체면이나 긍지 따위를 생각할 여유가 없었고, 오로지 자신의 생존을 위한 삶이 최우선이었다.

탈무드에는 이런 말이 있다. '자기에게 가장 좋은 선생은 바로 자신이다. 이렇게 학생을 잘 알고 있고 이처럼 깊이 학생을 동정하고 이처럼 강력하게 학생을 격려하는 선생은 있을 수 없지 않은가?' 유대인은 자신을 단련하고 건강한 정신을 유지한다. 그리고 유대인은 다른 사람의 눈치를 보지 않고 공기와 같은 삶을 살면서 항상 기회를 엿본다. 이렇듯 자신을 지휘하면서 살아가는 사람을 웨인 다이어는 '행복한 이기주의자'라고 불렀다.[38] 또한 이런 사람들을 우리는 '여유형 인간'이라고도 부른다. 이들은 회사에서 쫓겨나더라도 쉽게 흔들리지 않고 언제든 다시 뛸 힘을 가진다. 그리고 루프트맨슈 정신으로 유연하면서도 확고한 자아가 확립되어 있는 사실상 오늘날의 기업들이 요구하는 인재상이다.

유대민족과 우리민족을 비교하면 공통점이 꽤 많다. 수많은 외침과 강탈, 식민시대, 내전 등의 냉혹한 시련과 더불어 처절한 가난과도 싸워야 했다. 그리고 모든 것이 붕괴된 폐허 속에서 특별한 자원도 없이 오로지 맨몸으로 다시 땅을 일구고 경제를 재건했다는 점에서도 두 민족이 유사하다. 다만 유대인들은 루프트맨슈와 같은 개개인의 유연성과 적응력으로 고난을 이겨냈고, 우리 민족은 단생단사團生散死, 즉 '뭉쳐야 살고 흩어지면 죽는다.'라는 공동체 정신으로 어려운 시기들을 견디고 오늘을 이루었다.

하지만 언제부터인가 사회 일각에서는 이러한 공동체정신의 강조가 소속된 집단만을 최우선시하는 집단 이기주의로 나타나기 시작했다. 개인의 생각과 의견은 더욱 무시되면서 일사불란함은 소위 '빨리빨리'와 같은 잘못된 문화로 바뀌었다. 한국을 아는 어지간한 외국인들도 그 말을 잘 알 정도다. 그러니 다양한 의견이나 생각들을 이해하거나 수용할 만한 정신적 여유는 점점 없어진다.

21세기는 멀리서도 반갑게 찾아오는 독립된 개성의 단골집형 인간이 인기와 성공을 누릴 것이다. 물론 아름다운 공동체정신도 계속 이어가야한다. 개인의 건강한 정신과 독특한 개성들이 모여 서로 나누고 조화를 이루는 공동체 말이다. 루프트맨슈의 정신과 다양한 가치가 공존하며 발전하는 공동체 말이다. 이러한 공동체를 '생명 공동체'라고도 한다.

유대인하면 누가 떠오르는가? 빌 게이츠Bill Gates, 마이어 로스차일드Mayer Amschel Rothschild, 록펠러John D. Rockefeller와 같은 부자들? 앨버트 아인슈타인Albert Einstein, 스티븐 스필버그Steven Allan Spielberg, 토마스 에디슨Thomas Alva Edison, 지그문트 프로이트Sigmund Freud와 같은 세계적인 천재들? 모르긴 해도 이들은 이미 오래 전부터 뼛속 깊이 루프트맨슈의 정신을 배우고 실천했을 것이다.

권위주의를 경계하라

- 유대인의 다양성 3

탈무드에는 사람이 살아가면서 지녀야 할 두 가지 가르침이 있다. 하나는 '잘 배우는 것'이고 다른 하나는 '권위를 인정하지 않는다.'이다.[39] 유대인은 권위보다는 루프트맨슈의 정신으로 배움을 중요하게 생각한다는 의미다. 탈무드는 아무리 사소한 질문이라도 배움을 위해 깨우칠 때까지 질문을 하라고 가르친다. 또한 '가르치다'는 히브리어로 '야 로우'라는 말인데 그것은 가르친다는 의미보다는 '인도한다'는 뜻에 더 가깝다고 한다. 그 만큼 권위주의를 경계한다는 것을 엿볼 수 있다. 그래서 유대인 학자들이나 종교 지도자들은 지적인 자유를 존중하고 육체보다 정신을 중요시하며, 사람들을 배움으로 인도해야 할 의무로 살아가지만 권위는 배제한다.

필자는 전에 이스라엘 본사의 글로벌 IT기업에서 근무한 적이 있다. 그래도 미국이나 유럽의 굵직한 외국계 기업에서 근무한 경험이 있었던지라 소위 유대인 회사라고 특별할 것은 없을 것으로 생각했다. 그런데 좀 달랐다. 특히 회의를 할 때나 교육에 참여했을 때 어느 조직보다도 훨씬 자유로운 분위기였다.

한번은 중요한 사업 문제로 본사의 직원들과 회의를 하는데 처음에는 열띤 토론을 하다가 극심한 논쟁이 벌어졌다. 정말이지 그런 시끄러운 난장판을 이전에는 본 적이 없었다. 특히 두 이스라엘 친구의 논쟁은 극에 달해 당장이라도 치고받고 싸울 기세로 보였다. 그렇게 전쟁 같은 회의는 아무 결론 없이 입장만 정리하고 마쳤다. 물론 필자는 그 분위기 속에서는 가만히 있는 것이 상책이다 싶어 조용히 입 다물고 앉아 있다가 일어났다.

곧 점심시간이어서 식당으로 향하는데 좀 전에 가장 처절하게 싸웠던 두 사람이 내게 다가와 웃으면서 같이 밥 먹으러 가자고 한다. 의아했다. 좀 전까지 치고받을 기세였던 두 사람이 사실은 친한 친구란다. 더 놀란 것은 한 사람은 다른 한 사람의 보스였다. 무의식중에 나는 보스인 친구에게 괜찮냐고 물었다. 답은 '뭐가?' 오히려 필자에게 뭐가 잘못되었느냐고 묻는다. 그래서 필자의 생각을 솔직하게 설명했다. 그 친구는 대수롭지 않게 자기들은 늘 그렇게 싸운다고 말한다. 그리고 생각이 다르니 논쟁은 당연하다는 것이다. 논쟁하면서 문제의 핵심을 똑바로 보려 하고 가능하면 여러 다른 옵션들을 테이블에 올려놓고 해결책을 찾는다는 의미다. 더구나 그 보스인 친구는 매번 다른 생각으로 덤비는 자기 친구가 믿음이 가고 자랑스럽다고 말한다. 필자에게는 정말로 특별하고 귀한 경험이었다.

유대인의 권위주의에 대한 또 다른 예가 있다. 유대교에는 신의 형상이 없다. 그리스도교에서 신은 항상 자비로운 남자로 그려진다.

그런데 유대인들은 신을 이미지화하려는 시도를 한 번도 하지 않았다. 그들은 절대 유일신을 인간이 형상화하는 것도 용납하지 않는다. 그 말은 권위는 오직 신에게만 있고 인간에게는 어떠한 권위도 주어지지 않는다는 의미다. 성경에 있는 간단한 예로 출애굽의 위대한 지도자 모세의 이야기를 보자. 모세가 수많은 이스라엘 백성을 이끌고 이집트를 탈출했을 때, 휴식시간에는 '사람들과 같이 그저 돌

그림 이연우

위에 앉아 있었다.'고 전한다.

유대인은 꾸민 권위를 좋아하지 않는다. 탈무드에서도 '가르침을 이해하지도 못한 채 받아들이는 사람은 권력을 부패시킨다.'고 했다. 유대인의 대표적인 학자인 마르크스나 프로이드, 아인슈타인과 같은 개혁자들은 일단 권위를 인정하지 않는 것에서 출발했다고 한다. 즉 기존의 것을 먼저 의심하면서 시작한다는 의미이다.

흔히 요즘 사람들은 권위의식을 좋아하지 않는다고 말한다. 그런데 권위를 바라는 사람은 꽤 있는 것 같다. 돈이 많으면 또는 권력을 손에 쥐면 권위에 대한 욕심이 생기는 모양이다. 요즘 방송에서 심심치 않게 여러 모양의 갑질 행태들이 나온다. 재벌 회장의 자식들이 부모로부터 공짜로 권력을 물려받아 권위를 남용하여 피해를 주는 행위, 오늘날 사회에서는 상상하기 힘든 기업 회장의 직원 폭력 행위, 정치적 권력을 내세워 여성에게 성적 수치심을 주는 행위, 모 대형교회 목사가 세습을 위해 권위를 앞세워 저지르는 행위 등, 알려진 수많은 갑질들은 잘못된 권위의식에서 비롯되어 우리를 부끄럽게 한다.

필자도 탈무드의 모든 가르침에 동의하는 것은 아니다. 하지만 적어도 만연한 계급주의와 권위주의로 인하여 열심히 살아가는 사람들의 발목을 잡는 일은 없어야 한다. 그리고 사람들 각각이 가진 다양한 생각과 재능들을 유감없이 펼치고 공유할 수 있도록, 탈 권위의 사회를 지향하는 탈무드식 가르침은 좀 배워도 되지 않을까?

다윗은 평범한 사람이었다

- '다윗: 현실에 뿌리박은 영성'을 읽고

다윗은 고대 이스라엘의 2대왕으로 예루살렘을 중심으로 유대교를 확립한 역사적으로 실존했던 인물 중 한 사람이다. 그의 이야기는 구약 성경에 자세히 나와 있다. 그는 유대교나 그리스도교인이 아니더라도 파란만장한 생애와 위대한 업적으로 후세에게 큰 존경을 받는 인물이다. 평범한 가정에서 태어나 목동으로 자라면서 온갖 고난과 역경을 딛고, 신의 인도하심으로 왕까지 오르는 인생 역전을 성경은 담담하게 그리고 있다. 필자가 존경하는 작가 중 한 사람인 유진 피터슨Eugene H. Peterson이 이것을 이야기 형식으로 서술한 것이 '다윗: 현실에 뿌리박은 영성Leap Over a Wall'이다.[40]

다윗 이야기는 한 평범한 사람이 위대한 왕이 되는, 결과적으로는 결코 평범하지 않은 이야기다. 다윗이 살아가는 과정 하나하나를 살펴보면, 일상적인 인간의 고뇌와 도전을 신에 대한 믿음으로 극복하는 평범한 사례들의 연속이다. 유진 피터슨의 말을 빌리면 다윗 이야기에는 신이 내린 기적도 없다. 신이 내린 거창한 형이상학적인 논술이나 영적 원리에 의한 계시, 이런 것도 없다. 이야기 내부에는 평범한 인간의 현세성만 있을 뿐이다. 그러니 다윗 이야기는 바로 우리의 이야기가 될 수 있다는 의미다.

책 전체에 펼쳐지는 인간 다윗의 이야기는 많은 독자들이 먼저 읽고 감동할 몫으로 남겨두고 싶다. 다만 필자는 다윗의 삶 속에서, 그리고 그 자신이 다양성을 얼마나 중요하고 소중한 인간됨의 방식으로 여겼는지를 살펴보고자 한다.

첫째는 평범성이다. 다윗은 한낱 목동이었고 아무런 주목을 받지 못했던 평범한 집안의 막내아들이었다. 투표를 한 것도 아니고 전문가로서 발탁된 것도 아니다. 유진 피터슨은 말한다. '사람들이 살아가면서 소위 전문가라고 하는 사람들에게 얻은 것보다도, 평범하고 비전문가인 다양한 사람들로부터 얻은 지혜가 훨씬 많다.'라고. 진정 옳은 말이다!

둘째는 일에 대한 태도이다. 다윗은 처음부터 왕으로 태어난 것이 아니다. 처음에는 목동이었고 이후, 전쟁에서 적장을 무찌른 전사가 되었다. 그리고 사울 왕의 궁에서 왕을 섬기는 종이 되었다. 중요한 것은 그가 이 모든 일을 왕업으로 삼고 하찮고 별 볼일 없는 일도 최선을 다해 완수했다는 것이다. 사실 이 세상에서 일어나는 모든 일 중에 중요하지 않은 일은 없을 것이다. 다만 그 일을 감당하는 사람들이 각자의 일을 왕업으로 여긴다면 이것이야말로 다양성이 존중받는 사회가 되는 길이다.

셋째는 진정한 친구다. 다윗은 적이었던 사울왕의 아들인 요나단과 깊은 우정을 나누었다. 요나단은 자포자기하는 다윗에게 진심으로 힘을 주었고, 다윗이 참담하게 복수의 칼을 빼들지 않도록 많은 희생과 노력을 하였다. 우리는 살아가면서 많은 사람들을 겉모습만으로 만난다. 때로는 자신에게 이익이 되는지 먼저 계산하고 판단하는 잘못된 습관도 가진다. 유진 피터슨은 '우리가 다른 사람을 낮게 대하면 그들도 우리를 그렇게 대하고 결국 우리는 우리 이하의 존재가 된다.'고 말한다. 우리가 만나는 다양한 사람들을 다양성의 넉넉한 마음으로 대해보자. 그들의 내면에 관심을 갖고 어려움을 이해해 준다면 그것이 진정한 친구이고 우리는 모든 사람의 친구가 될 수 있다.

다윗 상 (출처: doopedia.co.kr)

넷째는 정체성이다. 다윗은 자신의 정체성을 알고 있었다. 골리앗과의 한판 싸움을 앞두고 사울왕은 자신이 입던 갑옷과 투구 그리고 무기를 쥐어 주었다. 그러나 다윗은 그 둔하고 어색함 때문에 곧바로 벗어버리고 그 만의 무기와 그 만의 방식으로 싸워 이겼다. 우리가 살아가면서 다양한 모든 방식을 잘 이해하고 수용하려면, 우선 자신이 어떤 사람이고 자신에게 맞는 것이 무엇인지를 잘 알아야 한다.

다섯째는 방해꾼들이다. 다윗의 주변에는 요나단과 아비가일, 사무엘과 아히멜렉 같은 멋지고 훌륭한 사람들이 있었다. 하지만 아브넬과 요압 그리고 스루야의 아들들처럼 문제만 일으키는 방해꾼들도 있었고 이들 때문에 생애 내내 골치를 썩었다. 유진 피터슨은 '이것이 바로 우리의 일상'이라고 말한다. 우리는 살면서 어쩔 수 없는 다양한 방해꾼들을 만난다. 또한 매일 접하는 수많은 뉴스 속에서 비열함과 기회주의 그리고 비인격적인 것들을 허다하게 발견하면서 살아간다. 이 모든 다양한 것들도 삶의 일부이고 현실이기에 늘 깨어 있으라고 그는 경고한다.

여섯째는 통치방식이다. 다윗은 왕이 되어 아무도 건드리지 못했던 예루살렘을 과감하게 점령하고 이스라엘 왕국을 성장시켰다. 한편 더 많은 사람들을 사랑으로 받아들이고 껄끄러웠던 북쪽 지파들도 포용하여 왕국은 더욱 견고해지게 되었다. '다윗은 변화와 성장을 동시에 주도하면서 많은 다양한 사람들을 포용하여 자신의 삶 속으로 받아들인 위대한 인물'이라고 유진 피터슨은 평가한다. 우리의 현실 문화는 어떠한가? 정말로 성장은 없고 변화로만 가득 채워져 있다. 매 시간 새로운 물건들이 쏟아지지만 바꾸기에만 급급하고,

진득하게 성장하기 위한 재료를 깊이 생각해보지 않는 것은 안타까운 일이다.

마지막은 경청하는 삶이다. 아들 압살롬의 반역으로 보위에서 쫓겨나 광야로 도망갈 때, 시므이라는 사람이 다윗의 행렬을 따라오며 돌을 던지고 저주를 퍼부었다. 이 때 다윗의 부하가 그를 잡아 죽이겠다고 했으나 다윗은 오히려 제지하였다. 왜냐하면 그는 저주를 들으면서 그가 범한 잘못과 압살롬을 비롯한 그가 버린 모든 사람의 소중함을 깨닫게 되는 계기가 되었기 때문이다. 유진 피터슨은 '다윗은 비록 저주와 같은 비판을 들었지만 보복하지 않고 오히려 진실을 대면하는 계기가 되었다'고 말한다. 우리는 살아가면서 원하지 않은 수많은 훈계와 비판을 듣는다. 그때 인내심을 갖고 그것을 잠시라도 생각해보는 것과, 즉각적으로 감정적인 반응을 보이는 것과는 분명 큰 차이가 있다.

다윗은 평범한 사람으로 태어났고 사실상 평범한 사고를 했던 사람이었다. 단지 그는 그가 맡은 일을 왕업이라 여기고 최선을 다했고 주변에는 어려우나 즐거우나 진정으로 마음을 나눌 수 있는 친구들이 있었다. 그는 자신이 누구인지 그리고 무엇을 잘 하고 못하는지를 잘 알고 있었다. 비록 주변에는 방해하는 사람들이 늘 있었지만, 그는 그들의 장점만을 보면서 포용하려고 노력했다. 그리고 하찮은 이야기도 주의 깊게 경청하면서, 자신을 변화시키고 성장하는 삶을 모색해 갔다. 독자들은 이것이 신화나 위인전에 나오는 이야기로만 여겨지는가? 아니다! 우리가 다양성과 포용을 제대로 알고 실천하면 이것은 바로 우리의 이야기가 된다.

무엇이 우리를 방해하는가?

- 체스터턴의 '정통'을 읽고

연일 대중 매체를 통해 쏟아져 나오는 뉴스를 보면서 오늘의 현대인들은 참으로 불행한 일도 많이 겪는다는 생각을 늘 한다. 사람들은 불행한 일-사고를 당해 죽었다거나 억울한 일로 자살을 했다거나 심각한 병에 걸리는 등-을 보고 안타까워 하면서도 내가 아닌 다른 소수의 사람들만 겪는 일로 간주한다. 자기 자신은 그런 일을 당하지 않아 다행이라고 안도하면서 말이다.

하지만 우리 모두가 잘 모르는 진정으로 불행한 일이 있다. 제도나 시스템 또는 울타리라고 말하는 사회 안에 우리가 갇혀있다는 사실이다.

그 불행은 대부분 인간이 모르는 사이에 젖어들기 때문에 수동적이지만 자발적이라고도 볼 수 있다. 왜냐하면 인간의 이성적 집단이 동조하여 성취한 결과가 이론이 되고, 곧 시스템이나 제도가 되기 때문이다. 그러면서 흔히 '사회적 동물'이라는 이유로, 합법적이라는 이유로 아무런 불평 없이 받아들이고 찬양하기도 한다. 더욱 큰 문제는 그러한 제도들이 이데올로기라는 가면을 쓰고 인간 사이를 넘나

들면서 편을 갈라놓고, 서로가 옳다고 논쟁하다가 싸움이 일어나고, 급기야 민족의 싸움이나 국가의 싸움으로 번지게 된다.

이렇듯 인간들은 여러 가지 사조들을 만들어 그것이 진리인 양 서로 싸우면서 점점 미치광이로 변해간다고 체스터턴은 경고한다. 이 과정에서 인간들의 정신세계는 점점 피폐해지고 피로해지면서 결국 보이는 세계만을 지향하는 것이 최고인 양 살아가게 된다. 즉 과학주의와 유물론이 두드러지면서 자본주의는 그렇게 인간을 합법

길버트 키스 체스터턴Gilbert Keith Chesterton (1874 - 1936) (출처: 네이버 카페 인생교실)

적이지만 사회적으로는 불행하게 만들어간다.

이러한 세계가 바로 스캇 펙 박사가 지옥으로 표현한 '아말감 시스템'과 매우 유사한 환경이다. 그의 저서[41]에서 아말감 시스템이라는 거대 기업 안에서 기계처럼 생활하는 불쌍한 영혼들을 결국 쓰레기통 바닥에 사는 쓰레기로 비유한다. 오늘의 자본주의 세계가 그렇게 지옥이 된다.

더 불행한 것은, 우리가 그 세계를 합법적으로 인지하고 따라야 한다는 당위성 말고는 다른 방도가 없다고 생각하는 오류다. 즉 우리의 생활은 제도를 따라가는 일에 익숙해져 있고 또한 자신의 책임과 운명도 제도에 맡기면서 살아가는 것이 오히려 편하다고 생각한다. 그것에서 조금이라도 벗어나면 비합법적이라고 생각하고 불편해하며 심지어 범죄인이 될 것이라는 불안감마저 든다. 에리히 프롬은 이렇게 인간들이 책임을 갖는 고통을 피하기 위해 매일 자유로부터의 도피를 시도한다고 말했다.[42] 이것은 자신의 운명을 다른 존재에 양도하는 것이나 다름없는 크나큰 실수이다.

체스터턴이 말한 미치광이가 바로 그럴듯한 논리를 만들어 사람들을 무의식적으로 합법적으로 따르게 만드는 사람 즉 이론가나 정치가나 선동가들을 말한다. 문제는 그것을 따르는 사람들 또한 결국 미치광이가 된다는 점이다. 사람들은 그것의 논리적인 완벽함에 감탄을 하고 한편으로는 정신적으로 위축이 되면서 점점 미치광이가 된다.

그래서 체스터턴은 우리에게 사람이 지니고 있는 신성神性으로 회복할 것을 주문한다. 단순한 논리에 빠지는 것이 아니라 그 외에 커다란 세계를 볼 수 있는 위대한 인지 능력으로의 회복, 다 차원의 세계를 걷게 될 것이라는 자신감의 회복으로 말이다. 체스터턴은 그의 책, '정통'에서 이렇게 설득한다.

'스스로 꾸며낸 작은 음모를 늘 상영하는 작고 번지르르한 극장을 벗어나서 낯선 자들로 가득한 길거리에서 자유로운 하늘아래 있는 당신 자신을 발견하게 될 것이오.'

사람은 엄마의 뱃속에서 나오는 순간부터 인격체가 되고 신의 경지는 아니지만 신과 유사한 정신세계를 갖고 태어난다. 비록 태어난 후 바로 울타리 안에 길들여지는 불행한 현실이지만 사람의 신성은 생각하는 것보다 넓고 깊다. 우리에게는 신이 부여한 자유의지가 있고 누구도 막을 수 없는 영원한 호기심으로 가득 차 있다. 어린아이들이 동화의 세계에서 느끼는 신비의 세계와 끝없이 펼치는 상상의 유토피아를 누리면서 살아갈 수 있는 능력과 권리가 있다. 그런데 왜 우리의 삶을 현실세계를 빙자한 울타리로 제한해야만 하는가? 체스터턴은 이렇게 말한다.

'신은 우리에게 이미 만들어진 그림을 주신 것이 아니라 우리가 각자의 색채를 찾아서 그릴 수 있는 팔레트의 물감들을 주시고 무엇이든 그릴 수 있는 자유를 부여했다.'

그런 의미에서 오늘날의 교육제도는 인간이 만든 제도임이 틀림없다. 그것은 질서를 유지하고 효율을 극대화해야 한다는 목적으로 개인의 호기심을 시간과 공간 안에 최대한 차단한다. 여기에서 말하는 효율은 무엇인가? 최소한의 시간으로 인간 생활에 최대 이익을 주는 현실적인 이론이나 과학적인 결과물을 만드는 것이다. 그렇게 인간 생활을 조금이라도 더 편하게 하려 하는 것이다. 우리는 이러한 문명의 진화를 과학의 발달로 추켜세우고 장려한다. 우리의 교육 제도는 신이 주신 물감으로 이미 스케치된 그림을 받아 선생님의 지시를 받아 색칠을 하고 있는 것이다. 조금이라도 스케치 선에서 벗어나거나 정해진 색이 아닌 색으로 또는 정해진 굵기로 칠하지 않으면 곧바로 선생님의 불호령이 떨어진다. 그러면서 어릴 적 만났던 요정들의 세계와 백마를 탄 공주는 서서히 잊혀가고 그리움조차도 남지 않게 된다.

굳이 동화의 세계로 돌아갈 필요는 없다. 다만 우리의 교육이 각자에게 주어진 물감들로 각자에게 주어진 무한한 상상의 세계를 현실로 펼치면서 그림을 그릴 수 있는 세상이 되기를 바랄 뿐이다.

Part 2
비즈니스, 그리고 다양성

다양성 전략을 말하다

- Part 2를 들어가면서

새로운 밀레니엄이 시작된 후, 지난 이십여 년을 가만히 살펴보자. 먼저 우리 주변에서 급격히 늘어나는 외국인들을 실감한다. 주로 블루칼라 중심의 노동자들이 우리나라로 일자리를 찾아 대거 유입되었기 때문이다. 그것은 사회적으로 다문화에 대한 새로운 인식과 다문화 가정에 대한 포용의 문제 등의 이슈를 생성했다. 한편 경제계에는 대기업과 중소기업 간의 불균형을 해소하고자 동반성장이나 상생경영을 강조하는 운동이 크게 일어나고 있다. 이와 같이 사회적으로 다문화에 대한 포용의 요구나 기업 간 동반성장의 강조가 전혀 관계없는 사건처럼 보일지 모르겠지만, 필자가 보는 다양성의 관점으로는 매우 유사한 문제이고 시급한 과제가 아닐 수 없다.

글로벌 시장에서 후발주자였던 한국 기업들은 불리한 여건에서도 지난 반세기 동안 여러 산업에서 큰 성과를 보여 왔다. 그것은 주로 경제발전을 최우선 목표로 했던 국가정책이나 공동체의식으로 집중화된 기업문화, 그리고 일사불란한 조직력과 효율성 등이 토대가 되어 이룬 성과라고 볼 수 있다.

하지만 오늘의 글로벌 시장에서 기업이 성장과 경쟁우위를 유지하기 위해서는 지금까지와는 다른 성장전략을 찾아야 한다. 특히 급속도로 발전하는 IT기술로 인해 소셜 네트워크와 온라인 산업, 가상화의 물결은 산업의 패러다임과 가치사슬의 변화를 가져왔다. 그래서 기업 가치의 핵심이 더욱 사람중심이 되고 다양성 전략, 즉 다양한 역량의 직원들과 다양한 이해관계자들과의 협력을 통한 혁신과 효율성이 매우 중요한 시점이 되었다.

어떤 사람들은 이러한 기업의 다양성 전략이 비효율성이나 비용을 증가시킨다고 한다. 하지만 그것이야말로 구시대적인 발상이다. 오늘날과 같이 한 치 앞을 보기도 어려운 시대에는 기업들이 다양성을 새로운 경쟁우위의 수단으로 보고 적극적으로 대응해야 한다.

사실상 이제까지는 많은 기업들이 다양성의 문제를 규제로만 생각해왔다. 그 바탕에는 오래 전부터 사회적인 문제가 되어왔던 다양한 인종이나 성별 또는 계층 간의 차별을 해소하기 위하여 시행되었던 정책들이 있다.

미국은 인종차별로 인한 불평등 고용이 문제가 되어 1964년 시민권조치Civil Rights Act를 시작으로 적극적 조치Affirmative Action를 공식적으로 시행했다.[1] 유럽은 1958년에 성차별이 없는 평등고용을 모토로 ECEuropean Council조약을 발효함으로, 유럽의 주요 국가들이 중심이 되어 긍정적 조치Positive Action를 시행해왔다.[2]

우리나라도 여성의 사회적 참여가 두드러지면서, 성차별에 대한 사회적인 문제로 인해 2006년부터 적극적 고용개선제도를 시행해 왔다.[3] 또한 20세기 후반부터 생산직 업종의 인력난으로 산업연수생 제도 등 외국인 근로자들을 공식적으로 허가했다. 이후에 인권문제가 생기게 되어 인권보호를 법률화하는 외국인 고용허가제를 2004년부터 시행하였다.[4] 한편 장애인의 인권보호와 고용차별을 해결하기 위하여 정부는 1990년 장애인고용촉진 등에 관한 법률을 제정하였다.[5] 이처럼 우리나라의 다양성 문제는 미국이나 유럽에 비해 시차는 있지만, 소수그룹의 평등과 인권문제에서 시작되었고 정책적으로 대응했다는 점에서 매우 비슷하다.

한편 시간이 지나면서 규제 중심의 다양성 문제가 서서히 바뀌기 시작했다. 글로벌 기업들이 중심이 되어 다양성을 단순한 의무 규정 준수의 수준을 넘어 기업의 전략적 차원으로 접근하기 시작했다. 즉 다양성을 무한 경쟁의 시장에서 생존하고 발전하기 위한 하나의 전략적인 요소로 보게 된 것이다. 또한 인종이나 국적, 세대, LGBT 등 인구통계학적인 변화가 확산되면서 기업들은 다양한 인적 자원의 필요성과 시장의 다양성을 인지하게 되었다. 그래서 기존의 획일화된 전략에서 벗어나 인력 다양성과 유연한 가치사슬을 지향하면서 창의적이고 경쟁력 있는 기업문화를 만드는 노력이 시작된 것이다.[6]

앞선 칼럼에서 소개한 IBM의 다양성 전략이 좋은 사례다. 1993년 회장으로 취임했던 루이스 거스너가 CEO로 등극할 당시에도 IBM은 이미 평등고용의 국가정책과 병행하여, 다양성을 핵심전략의 한 분야로 설정해 놓은 상황이었다. 그러나 그는 다양성이 IBM의 시장과 고객, 내부 직원들에게 충분히 반영되지 않았음을 알고 구체적인 다양성 전략을 펼치게 된다. 자세한 내용은 칼럼 '당신을 지지하는 사람이 줄 서있나요?'를 참조하기 바란다. 궁극적으로 IBM의 다양성 전략이 성공할 수 있었던 핵심 요인은 최고경영자의 리더십과 직원들의 주도적인 개입, 다양성을 기업의 실천양식에 통합, 그리고 다양성의 목표와 비즈니스 목표를 연결시키는 전략이 있었기 때문이다.

결국 21세기에 들어서면서 많은 글로벌 기업들이 성장과 경쟁우위를 유지하기 위해, 최고 경영진이 중심이 되어 다양성과 포용의 문제를 기업의 핵심가치로 여기게 되었다.[7] 그리하여 다양성 전략이 기존의 차별철폐에서 통합된 포용Integrated Inclusion으로 전략적인 전환이 일어났다. 이것이 바로 필자가 제시한 다양성 통합 전략Integrated inclusion Strategy이고, 그것은 기업 내 모든 사업부 전략에 다양성을 포함하여, 기업 DNA의 하나로 형성하는 것을 의미한다.[8]

그러면 현재 한국 기업들의 다양성 관리는 어느 수준일까? 여전히 차별철폐 정책에 대응하는 소극적 대응, 즉 외부적 압력에 어쩔 수 없이 반응하는 수동적인 수준이다. 아직은 경쟁력 확보를 위해 다양성을 활용하는 적극적 대응, 즉 통합된 포용으로 확산되지 못하고 있는 실정이다.[9] 그러나 최근에 일부 글로벌 기업들이 전사적인 다양성 관리를 한국 시장에도 적용하고 있는 점과 일부 대기업을 중심으로 지속가능경영의 실천 과제로 다양성을 시도하고 있다는 점은 그나마 다행이라 생각한다.

하지만 문제는 우리의 대부분 기업들이 다양성 현상에 대한 깊이 있는 통찰이 부족하고, 실천적인 다양성 전략을 제시하지 못하고 있다는 점이다. 따라서 필자는 여러 칼럼들을 통하여 다양성 전략의 선진 사례들과 전략적 방향을 제시했다. 특히 여러 종류의 다양성을 논하면서 다양성 전략이 어떻게 조직을 변화시키고, 기업의 혁신과 생산성에 영향을 주는지 등을 심도 있게 다루고자 했다. 날로 치열해지는 글로벌 경쟁 상황에서, 상생협력이나 다문화 조직 등의 다양성 문제에 직면한 한국 기업들이 이러한 환경을 오히려 경쟁우위와 혁신으로 전환해 보는 기회를 갖기 바란다.

CDO는 누구인가요?

미국이나 유럽에서는 이미 다양성 분야가 인사나 영업, 재무, 마케팅처럼 기업경영의 한 주류가 되었다. 실제 경영 현장에서도 '최고 다양성 책임자' 즉 CDO Chief Diversity Officer라는 고위 임원이 기업의 다양성 전략을 이끌고 있다. 그런데 이것을 아는 사람은 별로 없는 것 같다.

월스트리트저널 보고서에 따르면, 2005년 포춘지 500대 기업 중에서 CDO나 유사 역할을 하는 임원을 둔 기업이 20%에 미치지 않았다. 그러나 불과 5년 후인 2010년에는 그 비율이 60%로 크게 올랐다. 그리고 대부분 CDO는 최고 경영진에 속해있어 기업의 전략적인 목표나 의사결정에 직접 참여하고 있다. 최근 조사된 통계는 없지만 500대 기업 중 적어도 70%이상이 CDO나 유사 역할의 관리자를 두었을 것으로 예측된다.

그러면 CDO의 역할은 무엇일까? 그리고 현실적으로 우리 기업들은 CDO를 필요로 할까? 여기에 답하기 전에 우선 CDO가 등장한 배경을 알아보자.

정보화의 혁명과 더불어 21세기로 들어서면서 기업들은 전례 없는 복잡하고 불확실한 상황을 맞이한다. 기술의 발전으로 더 다양하고 혁신적인 서비스가 제공되면서 고객의 입맛은 끊임없이 변하고 있다. 국가 간의 장벽이 허물어지면서 기업 간 글로벌 경쟁은 더욱 치열해진다. 기업 내에서는 밀레니엄 세대로부터 베이비붐 세대까지 여러 세대가 공존하면서, 세대 간의 차이로 조직은 더욱 민감해지고 게다가 여성과 인종 문제, 장애인, 성 소수자까지 복잡한 인구통계학적 변화가 진행되고 있는 현실이다.

한 마디로 CDO는 이런 문제를 전략과 조화로 풀어나가는 사람이라 하겠다. 잘 생각해보면 이런 일은 기존의 재무나 마케팅, 구매, 인사, 법무 등의 개별 팀에서 담당하기 어려운 일임을 알 수 있다. 그러면 CDO가 좀 더 구체적으로 어떤 일을 하는지 살펴보자.[10]

Chief Diversity Officer들 (출처: Black Enterprise)

첫째는 인력 다양성을 관리하는 역할이다. 즉 기업 조직 안에서 다양한 인력들이 양성되고 이들이 서로 협력하는 모델을 만드는 일이다. 또한 소수민족이나 여성, 장애인 등 소수그룹에 대한 차별 금지 규정을 준수하도록 관리하는 일도 CDO의 중요한 역할이다. 최근에는 사람들의 다양한 인지적인 스타일을 경쟁력으로 전환하는 전략적 역할도 강조되고 있다.

AT&T 의 CDO인 코레이 안쏘니Corey Anthony 부사장은 "회의 탁자에 둘러앉은 모든 사람들이 각자의 관점에서 문제를 바라보고, 솔루션을 서로 공유하면 최선의 해결책을 찾아낼 수 있지요. 이것이 바로 혁신이고 성장으로 가는 길입니다."라고 말했다.

둘째는 다양성 모델을 기업의 가치사슬과 결합하는 것이다. 다양한 기업의 이해관계자들, 즉 다양한 고객이나 파트너, 공급자와의 관계 속에서 니즈를 파악하고 제품이나 서비스 전략에 적용하는 역할이다. 그리하여 기존의 시장을 강화하고 신 시장 개척의 기회를 엿보는 것이다.

DELL사의 CDO인 브라이언 리브스Brian Reaves는 최근 여러 기업 고객들이 입찰의 중요한 요건으로 다양성과 포용의 항목을 명시하기 시작했다고 말했다. 입찰에 참여하고자 하는 기업들은 제시한 다양성과 포용의 기준을 필수적으로 준수해야 한다. 그만큼 다양성의 요건이 기업을 평가하는 일반적인 조건으로 점차 확대되어가는 추세이다.

셋째는 다양성으로 기업의 이미지를 향상시키는 역할이다. 소수그룹을 포함, 다양한 고객층에 적합한 제품과 서비스를 제공하여 기업의 사회적 책임을 다하면 기업의 이미지나 브랜드 가치를 높일 수 있다.

우리나라 기업의 반가운 사례가 있다.[11] CJ제일제당이 2009년에 출시한 '햇반저단백밥'은 선천성 희귀질환인 '페닐케톤뇨증'을 앓고 태어나는 어린이를 위한 제품이다. 해당 질병을 포함하여 국내에서 저단백식이 필요한 환자는 기껏해야 200여명 정도다. 당시 CJ제일제당은 본 제품을 개발하여 팔면 팔수록 손해 보는 사업인줄 알았다. 하지만 사회적 책임의 경영철학을 가지고 과감히 투자하여 지금도 저단백식 환자에게 제공하고 있다. 그리고 세계 3대 식품박람회인 '2012 파리 국제식품박람회SIAL/Salon International De L'alimentation 2012'에서 국내 제품으로는 유일하게 '200대 혁신제품SIAL Innovation'으로 선정됐다.[12] 그 덕분에 긍정적인 브랜드 이미지를 갖게 되었고 메인 주력 제품인 '햇반'은 크게 성장, 즉석밥 시장에서 부동의 1위를 지키고 있다.

넷째로 다양성 전략이 탑-다운으로 전개되도록 하는 역할이다. CEO를 비롯한 C-레벨의 임원들과 매니저들이 먼저 다양성을 잘 이해하고 솔선하도록 지원하고, 기업 전체의 문화로 자리 잡도록 하는 일은 CDO의 중요한 역할이다.

예컨대 AT&T는 CDO 코레이 안쏘니의 제안으로, CEO가 직접 직원 워크숍에서 인종차별이나 성희롱과 같은 민감한 주제를 놓고 솔직한 대화를 나누는 프로그램을 만들었다. 이후 CEO와 직원들은 다양성 전략에 대한 확고한 의지를 갖게 되었고 기업 내의 소통에도 좋은 영향을 주었다고 코레이 부사장은 전한다.

다섯째로 세대 간의 다양성이 조화롭게 공존하도록 설계하는 역할이다. 이제는 이질적인 여러 세대들이 서로의 방식을 인정하면서 협력하는 모델이 기업에 필요한 시점이다.

예컨대 뱅크오브아메리카Bank of America의 'I-GenIntergenerational Network네트워크'는 세대 상호간 교류를 위한 플랫폼이다. 이곳에서 여러 세대들이 모여 워크숍이나 교육을 진행하면서 각 세대들이 말하는 독특한 문제나 도전을 논의한다. 또한 전체 세대에게 긍정적인 영향을 주는 기업 문화를 모색하고 있다고 뱅크오브아메리카의 CDO인 신씨아 바우만Cynthia H. Bowman은 말한다.

마지막으로 기업이 시장의 문화나 환경에 맞는 제품이나 서비스를 제공하도록 지원하는 역할이다. 다양성으로 발현된 혁신과 경쟁력이 고객들을 위한 제품과 서비스로 전환하도록 전략적 팁을 제공하는 것이다.

예컨대 이미 글로벌 시장에 출시된 제품이 그 나라의 특성에 맞는 이름이나 브랜드로 바꾸어 판매하는 것도, 일종의 다양성 전략으로 요즘에는 흔히 볼 수 있는 현상이다.

결론적으로 CDO는 다양한 직원 개개인의 정체성 문제나 기업 내 소수 그룹의 인권과 차별 문제 등을 잘 살펴야 한다. 한편 다양성으로 기업의 경쟁력이나 브랜드가치를 강화할 수 있는 비즈니스 전략도 모색해야 한다. 또한 멀티 문화의 글로벌 시장으로 진출하기 위해 어떤 도전들이 있고, 그것을 어떻게 극복하여 성과로 전환할 지 고민해야 하는 그야말로 슈퍼맨의 역할이다.

다양성 조직이 왜 더 똑똑할까요?

최근에 기업들이 자의든 타의든 다양성이 중요한 과제가 되면서 고민이 많은 것 같다. 우선 기업이 생각하는 다양성의 근본적인 질문, '과연 다양성이 정말로 비즈니스에 효과가 있을까?'라는 질문을 시작으로 그 내용을 파악하느라 분주하다. 그리고 관련하여 유난히 컨설팅 보고서들이 눈에 많이 띈다.

예를 들어 맥킨지는 366개의 공공기업을 대상으로 연구한 보고서를 냈는데, 다양한 인종이나 민족성으로 임원진을 구성한 회사가 일반기업에 비해 약 35% 더 나은 재무성과를 이루었고, 여성 임원들

(출처: Harvard Business Review)

이 두드러진 기업은 약 15% 정도 더 나은 성과를 보였다고 했다. 한편 2400여개의 일반기업들을 조사한 또 다른 컨설팅 보고서에서도, 이사진에 여성이 한 사람이라도 속한 기업의 재무 성과와 순이익이 남성만으로 구성된 이사회 기업들보다 더 높다고 발표했다.

그렇지만 긍정적인 연구 보고서들의 홍수 속에서도 주요 인력을 무작정 다양하게만 구성하는 것은 리더로서는 심사숙고할 사항이다. 왜냐하면 대부분의 비즈니스 문제는 넓은 스펙트럼의 시각으로 봐야 할 사안들이어서 자칫 다양성으로 인하여 의사결정이 지연되거나 여러 갈등들이 나타날 수 있기 때문이다. 그래서 대부분의 리더들은 이러한 잠재적인 위험들을 족히 상쇄할 그 무엇이 있어야 다양성 전략의 가치를 인정하고 도입한다.

그래서 다양성의 가시적 효과를 살피기 위하여 다음의 실질적인 질문으로 접근한다. 과연 다양성의 팀이 더 똑똑하게 의사결정을 할까? 이 질문을 연구한 뉴로리더십Neuroleadership의 창안자인 데이비드 록David Rock과 동료 연구자인 헤이디 그란트Heidi Grant 컬럼비아대 교수가 최근에 하버드 비즈니스 리뷰에 매우 흥미로운 글을 기고했다.[13] 그들은 그 질문을 세분화하여 몇 가지 가설로 나누고 의미있는 연구결과를 내놓았다.

첫째, 다양성 팀은 사실관계를 더 잘 파악 한다. 어느 사회 심리학자들이 연구한 실험[14]이다. 200명의 사람을 6명의 모의재판 배심원으로 구성하는데, 한 그룹은 6명 모두 백인 배심원과 다른 한 그룹은 4명의 백인과 2명의 흑인으로 배심원단을 구성하였다. 각 배심원단에게는 한 흑인 피고인이 백인 희생자에게 가한 범죄 현장 비디오를 보여주고 흑인 피고인의 유죄 여부를 결정하게 했다.

결과는 백인과 흑인으로 구성된 배심원단이 더 많은 사실들을 찾아내고 증거를 채택하는 과정에서도 사실관계가 더 정확했다. 물론 사실에 대한 오류도 상대적으로 적었고, 설사 오류가 났더라도 이것을 인정하고 바로 정정하는 것도 더 빨랐다고 한다. 그 중요한 이유를 살펴보니 해당 배심원단의 백인 배심원들이 사실들을 좀 더 정확하게 기억하려고 노력했기 때문이었다. 물론 이면에는 인종에 대한 각 배심원들의 여러 가지 감정적인 의도가 숨어있을 것으로 해석할 수도 있지만, 어떤 이유든지 각 배심원들은 더 많은 사실들을 파악하고자 했고 다른 사람의 의견을 더 정밀하게 분석하고 본인의 발견을 정론화하는데 방심하지 않는 것으로 나타났다.

둘째, 다양성 팀은 사실들을 더 주의 깊게 분석한다. 다양성 팀이 주어진 정보들을 더 잘 분석하고, 더 나은 의사결정을 한다는 예를 잘 보여주는 실험[15]이 있다. 대학생 4명을 한 그룹으로 여러 그룹을 구성했는데 우선 3명은 같은 클럽의 멤버로 구성한 후, 다른 1명을 같은 클럽 친구로 구성한 그룹과 다른 1명을 전혀 모르는 친구로 구성한 그룹으로 나누었다. 각 그룹 멤버들에게 살인사건의 형사가 여러 살인 용의자들을 심문하는 내용들을 보여주고 누가 살인자인지를 추측해보라는 실험이었다. 실험에서 우선 기존 3명의 멤버들이 먼저 내용을 논의하고 누가 가장 유력한 살인자인지를 결정하게 한 다음, 4번째 멤버를 논의에 다시 포함시켜 최종적인 결정을 하라고 요청했다.

결과는 어떠했을까? 전혀 모르는 4번째 멤버가 속한 그룹이 4명의 같은 클럽 멤버 그룹보다 결과에 대한 자신감은 떨어졌지만 더 정확히 살인자를 추측했다. 다양성 팀이 불편한 것은 어쩔 수 없는 사실이지만 주어진 정보를 더 주의 깊게 분석하는 경향이 있음을 실험에서 보여주고 있다.

셋째, 다양성 팀은 더 혁신적이다. 오늘날 비즈니스의 경쟁력은 혁신이라고 말해도 과언은 아니다. 그리고 많은 다양성 전문가들은 다양성과 혁신은 불가분의 관계라고 말한다. 스페인의 4277개 기업들을 표본으로 성별 다양성에 대한 실험[16]이 있었다. 그리고 다양한 여성과 남성 인력들로 잘 구성된 기업들이 새로운 혁신 기술이나 제품을 더 많이 발표했다는 결과를 실증해 보였다. 한편 또 다른 연구[17]에서는 문화적인 다양성이 혁신에 어떻게 기여할 수 있는지를 7615개 기업의 리더들을 중심으로 실험을 했다. 결과적으로 문화적 배경이 다양한 리더들로 구성된 기업들이 더 많은 혁신적인 제품들을 개발하는 것으로 나타났다.

유사한 배경을 갖거나 뜻을 같이 하는 사람들끼리 일하면 서로 공감하기도 쉽고, 진행도 빠르면서 편한 것은 사실이다. 하지만 바보 같은 의사결정일지 모른다는 것을 알면서도 편안함 때문에 획일성을 방치하는 것은 더 큰 바보가 되는 길이다. 비록 불편하더라도 다양성 팀의 멤버들은 서로의 무의식적인 편견을 발견하고 일깨워준다. 또한 여러 가지 질문을 통해서 서로의 잘못된 가정이나 판단을 깨닫게 해준다. 당신과 다르게 보고, 다르게 생각하고, 다르게 말하는 사람을 선택하라. 그러면 그가 언젠가 당신이 처할 커다란 위험을 막아줄 것이고, 당신이 모르는 많은 혁신적인 길을 제시해 줄 것이다.

당신은 글래머 업무만 좋아하나요?

아무리 기술이 발달하고 진보된 시스템이 자동으로 사람의 일을 훌륭하게 해낼지라도 기업의 실질적인 운영 주체는 여전히 사람이다. 그래서 필자는 다양성의 관점으로 기업에서 생기는 복잡한 일을 사람들은 어떻게 성취해내는지, 개인의 성취가 기업의 전체 성과로 이어지는지, 특히 성취한 것이 공정하고 정의롭게 평가받는지에 많은 관심을 가져왔다.

어느 기업이든 나름대로의 공정한 성과 측정 시스템을 갖추고 있다고 하지만, 그것만으로는 충분하지 않다. 대부분의 평가가 일정

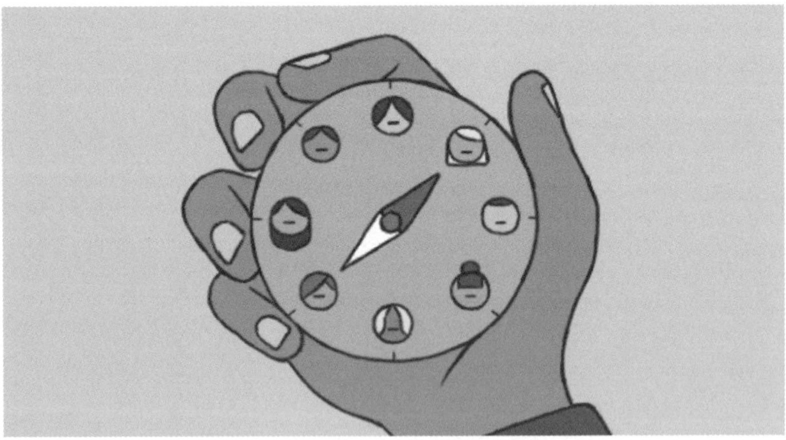

(출처: Harvard Business Review)

시간이 지난 후에 성과를 측정하는 회고적인 방식이기 때문이다. 이쯤에서 떠오르는 중요한 질문은 '과연 각 직원에게 배정되는 업무 자체가 공정한가?'이다. 어떤 사람은 로켓맨처럼 회사의 톱클래스를 향해 질주한다. 대개 회사의 요직에서 중요한 업무 - 우리는 이런 일을 글래머 업무Glamour Work라고 부른다 - 를 배정받아 훌륭히 해낸 사람이다. 반면에 어떤 사람은 단순하거나 행정적인 업무 - 이런 일을 보통 가사 업무Housework라고 부른다 - 만을 독차지하며 승진과는 거리가 멀지만 어쩔 수 없이 지내는 사람도 있다. 물론 글래머 업무는 보통 책임과 위험이 커서 어떤 이들은 그런 일을 피하고 소위 가늘고 길게 갈수 있는 가사 업무만을 선택하는 경우도 있다.

최근 다양성의 측면으로 가사 업무와 글래머 업무를 다룬 연구가 있어 공유하고자 한다.[18] 미국 기업들을 대상으로 여성이나 유색인종이 백인 남성보다 글래머 업무를 접하기가 어렵다는 내용으로, 그 이유와 개선 방안을 제시했다.

보통 회사에서 글래머 업무라 함은 스포트라이트를 받는 프로젝트나 고위 리더의 직접적인 관심을 받는 업무들이다. 예컨대 특정한 주요 고객의 대형 프로젝트에 참가한다든지, 중요한 컨퍼런스에서 회사를 대표해 프레젠테이션을 하는 등이다. 반면에 가사 업무는 그러한 스포트라이트와는 거리가 먼 일들, 회의를 준비하거나 점심 식사를 주문하는 등, 소위 말하는 허드렛일에서부터 매출이나 전략과는 관계없는 행정적인 일들, 꼭 필요하지만 주목은 받지 못하는 업무들을 말한다.

한편 업무 배정에 대한 편견을 알아보기 위하여 설문조사를 실시했는데, 여성의 20~30%정도가 일반 백인 남성들보다 더 많은 사무실 가사 업무를 한다고 했다. 특히 유색인종의 여성들이 컵을 닦는 등 본인의 주 업무이외에 사무실의 가사 일을 담당하는 경우가 많았다고 응답했다.

그러면 왜 여성이나 유색인종의 직원에게 더 많은 가사 업무가 배정이 될까? 여기 몇 가지 서로 상관되는 이유들이 있다. 첫째는 사람들이 흔히 그렇다고 인정하는 관행적인 고정관념 Prescriptive Stereotypes 때문이다. 예컨대 여성은 모성애로 인한 온화함과 관대함 때문에 자기를 내세우기 보다는 조직을 먼저 생각한다거나, 아시아 인종은 '일벌레'라는 식의 고정관념이 자연스럽게 가사 업무로 이어진다는 것이다. 더구나 이러한 관행적인 고정관념이 여성이나 유색 인종에게 자발적인 가사 업무의 압력을 받게 하고, 특히 매니저들도 그것을 당연하게 여기는 경우가 많았다고 전한다.

또 다른 이유로는 특히 여성들 스스로가 위험이 높은 글래머 업무를 기피한다는 기존의 주장이 있다. 하지만 연구 결과는 꼭 그렇지는 않다고 했다. 약 15% 정도의 여성만이 그렇다고 응답했고, 오히려 대부분의 여성이나 유색인종은 높은 프로파일을 지닌 업무를 배정받을 기회가 상대적으로 적다고 불평했다. 특히 여성들에게는 소위 '출산벽 편견 Maternal Wall Bias' 즉 출산 휴가 등으로 인하여 중요 업무가 단절되고 여기서 파생되는 편견 등도 무시 못 하는 이유가 된다고 한다.

그러면 어떻게 해야 이 문제를 해결할 수 있을까? 가장 먼저 할 일은 팀 안에 어떤 가사 업무들이 있는지, 누가 주로 그런 일에 배정 받는지를 정확히 파악하는 것이다. 그리고 그 일이 반복적으로 발생되는지, 시간은 얼마나 걸리는지도 파악해야 한다.

다음으로 그 업무가 좀 더 공정하게 배정 받도록 계획하는 일이다. 이 때 주의할 점은 절대로 자원자를 받지 말라는 것이다. 앞에서 언급했듯이, 관행적인 고정관념으로 특히 여성이나 그런 일에 능숙하다고 알려진 사람들이 무의식적으로 자원하라는 압력을 받게 된다. 그 대신에 아무리 작은 가사 업무라도 고르게 배정받을 수 있는 제도를 만들고 각자 책임을 지도록 하는 것이다.

일반적으로 매니저가 글래머 업무를 배정할 때, 믿고 안전하게 맡길 수 있는 사람이 제일 먼저 떠오르는 건 사실이다. 하지만 우선은 전체 직원이 그 대상자임을 명심해야 한다. 해당 업무에 필요한 능력 요건과 직원 각자의 능력을 비교하여, 자격이 주어지는 직원들이 고르게 기회를 갖도록 시스템을 만드는 것이다. 결국 누구나 할 수 있는 가사 업무는 전체에 고르게 임의적으로 돌아가는 시스템이고, 글래머 업무는 전략적인 방식으로 공정하면서 민주적으로 돌아가는 시스템인 것이다.

중요한 것은 이러한 시스템은 제3자 - 보통 인사부나 다양성 팀 등 - 에 의하여 회사차원에서 관리 감독 되어야 한다는 점이다. 정기적으로 직원들의 피드백을 받아 결과를 공유해야하고, 필요한 경우는 리더가 관련 문제를 해결하도록 정확한 정보를 제공해야 한다. 예컨대 어느 본부는 여성들이 남성들보다 글래머 업무를 덜 받는다거나, 어떤 매니저는 부하 직원들의 직무 발전을 도모하여 높은 성과를 올린다는 등 다양한 모니터링을 실시하여, 중요한 성과는 보상이 이루어지도록 성과 시스템과도 연결되어야 한다. 그리고 리더는 가사 업무나 글래머 업무가 공정하게 배정되고 있는지 확인하면서 일관성 있는 의사결정과 지속적인 소통을 위해 노력해야 한다.

사실상 업무의 공정 분배 시스템이 단지 여성이나 소수 그룹에게만 이득이 되는 것이 아니다. 평소에 잘 나서지 않는 내향적인 사람이나, 우리처럼 조용하고 집단문화에 익숙한 민족성을 가진 사람들에게도 기회가 될 수 있다. 또한 항상 글래머 업무만을 맡아야 하는 스타 직원들이 과중한 업무로 인한 피로감에서 벗어날 수 있는 방법이기도 하다.

앞서 살펴본 글래머 업무와 가사 업무에 대한 연구와 해결 방법은 대부분 미국 기업을 기반으로 문제를 다루었다. 그러면 우리 대한민국의 기업들을 배경으로 문제를 살펴보면 어떨까? 사실상 우리의 소위 토종 기업들은 상하관계가 철저한 계급주의적 성격이 강하고 집단이나 공동체에 익숙한 조직 문화다. 그리고 이러한 문화가 획일적인 업무 배분을 더욱 부축일 수도 있다. 또한 우리의 기업들은 미국이나 서방의 어느 나라보다도 강한 남성 우월적인 조직을 갖고 있다. 다만 미국에서 주류인 백인 남성 대신에, 특정 학연과 지연을 가진 남성 엘리트들이 글래머 업무를 도맡아 처리하는 경향이 보인다.

글로벌 시장을 지향하는 많은 우리 기업들도 이제는 다양성의 관점으로 글래머 업무와 가사 업무의 문제를 봐야한다. 또한 현재의 복잡하고 불확실한 기업의 문제들을 더 이상 일부의 엘리트에게만 의존할 수도 없다. 각 개인의 전문성을 우선적으로 고려하되, 공정하면서도 전략적으로 업무들이 배정되어야 한다. 그리고 기업은 이것을 중요한 다양성의 목표로 다루어야 한다. 그래서 누구는 항상 뒤에서 회의 준비와 자료 찾는 일만 하고, 누구는 항상 맨 앞에서 주요 고객 업무만을 맡아서 하는 경우는 없어져야 한다.

다양성을 재 정의하라

우리는 이미 오래 전부터 '글로벌 경제' 또는 '경제의 글로벌화'라는 말을 자주 들어왔다. 그것은 시장의 체계나 소비의 패턴이 전 세계적인 것을 의미한다. 한편 21세기에 들어서서 예전에 전혀 경험하지 못했던 새로운 경제 요소가 글로벌화에 더해진다. 신기술의 강

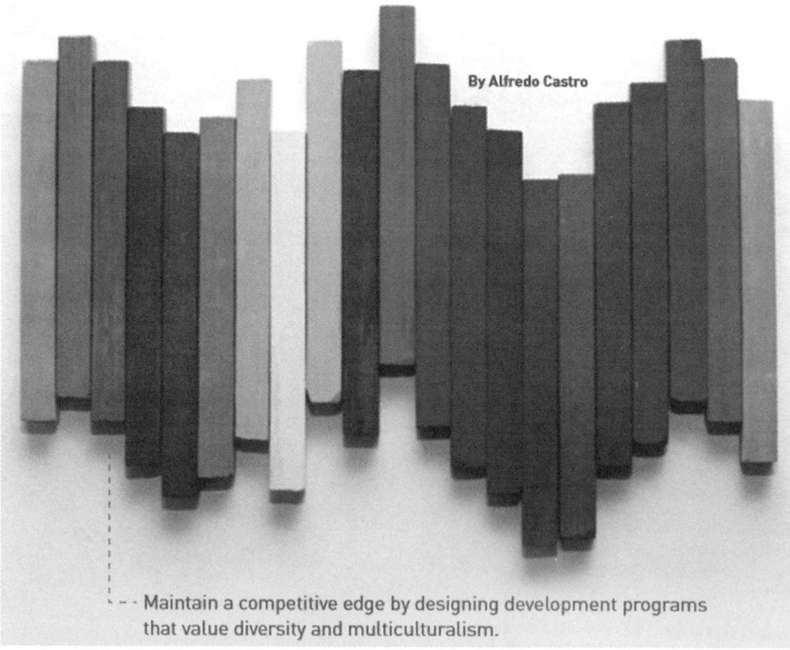

(출처: American Society for Training & Development)

력한 힘으로 등장한 소셜 미디어와 가상화다. 이것으로 인해 누구든지 언제 어디서나 실시간으로 소통이 가능하여 글로벌 경제를 가속화하고 있다. 기업에서는 여러 형태의 가상화 조직이 생기고 팀워크와 관리체계 및 보고체계 등의 조직 모델에도 변화가 일어난다.

예를 들어 보자. 미국 본사의 전자기기 기획 팀장이 디자인은 한국 지사의 디자이너에게 의뢰하고, 인도에 있는 엔지니어에게 프로그램 개발을 요청한다. 개발된 제품을 다시 미국 본사의 품질 관리팀에서 검수하고, 베트남의 공장에서 생산한다. 한편 브라질의 영업팀은 남미 시장을 겨냥하여 해당 제품의 영업 전략을 세우고 판매한다. 이렇듯 가상화로 인한 기업의 글로벌 운영 체계는 지리와 문화, 기능이 전혀 다른 사람들이 기업의 목표에 따라 서로 협력하면서 움직여야 한다.

하지만 이러한 글로벌 가상화 조직을 관리하는 것은 생각처럼 쉽지 않다. 왜냐하면 21세기의 기업들이 직면하는 새로운 시대적 요구인 바로 '다문화 주의Multiculturalism' 때문이다. 이것으로 기업에서 고려해야 할 다양성의 범위가 크게 확대되고, 기존의 다양성 관리와는 다른 방법으로 접근할 필요가 있다. 그래서 전문가들은 새로운 시대의 다양성은 가상화와 소셜 미디어 같은 첨단 기술에서 파생된 문화를 포함하여, 성적 지향이나 클래스Class 또는 세대 등과 같은 다문화주의를 포괄해서 다시 정의되어야 한다고 말한다.

많은 학자와 전문가는 조직의 다양성 전략으로 생산성이나 효율이 향상되고, 비즈니스 경쟁력이 높아지는 긍정적 효과를 준다고 했다. 이 말은 결국 오늘날의 다양성 전략, 즉 경제의 글로벌화 형태에서 다문화 주의 속성이 결합된 다양성 전략이어야만 성공적인 비즈니스를 끌어낼 수 있다는 의미이다. 더불어 리더의 역할 역시 매우 중요하다. 리더는 먼저 다문화 주의에 익숙한 직원들이 포용의 분위기에서 서로 소통하는 환경을 만들어야 한다. 그리고 항상 새로운 아이디어를 장려하고, 기업의 전략적 비전 수립에 모든 직원이 참여하도록 다양한 채널을 만들어 두어야 한다.

최근 어느 연구 기관에서 300개의 글로벌 기업을 대상으로 다문화 주의와 리더십의 관계를 조사한 흥미로운 결과가 있어 공유한다.[19]

첫째로 회사의 리더들에게 다문화 주의 관련 프로그램을 제공하는지의 질문에, 단지 9%만이 그렇다고 대답했고 38%가 그럴 예정이라고 말했다. 문제는 36%의 회사들이 글로벌 기업임에도 불구하고 아직도 다문화 주의에 관한 개념조차도 잘 알지 못한다는 점이다.

질문: 회사는 리더들에게 다문화 주의 프로그램을 제공하나요?

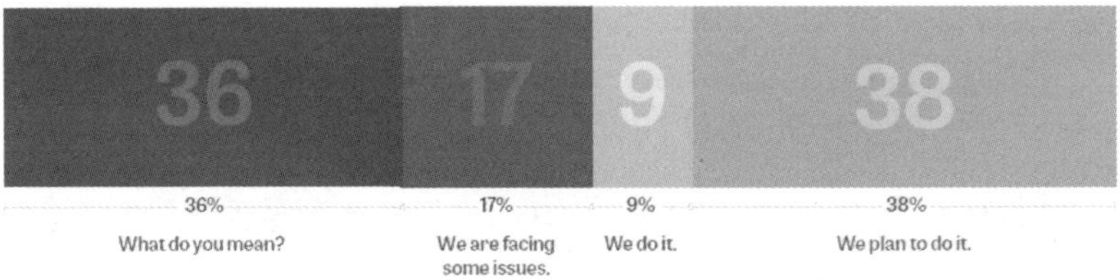

둘째로 소셜 미디어가 리더십 스타일에 얼마나 영향을 주는지를 확인해 본 결과, 63%가 높은 영향을 준다고 답했다. 그것은 비록 회

사가 새로운 트렌드에 맞는 리더십을 추진하는데 관심이 없더라도 오늘날의 리더십 스타일이 소셜 미디어의 영향을 받고 있다는 것으로 이해된다.

질문: 소셜 미디어가 리더십 스타일에 얼마나 영향을 줄까요?

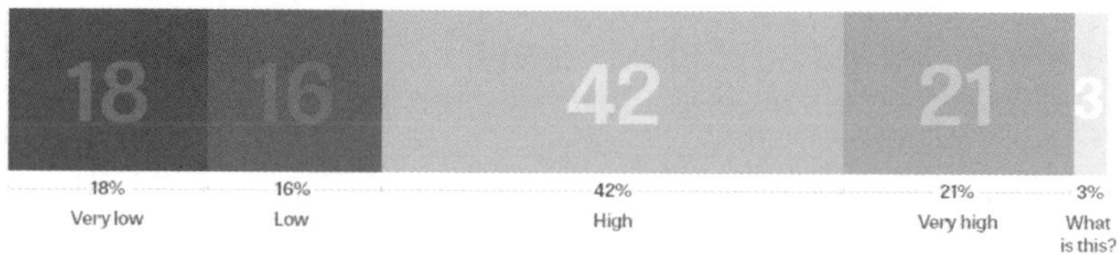

마지막 주제는 리더들이 얼마나 코칭을 리더십 스타일로 활용하는지를 물었다. 왜냐하면 코칭 리더십이 글로벌 조직에서 다문화 주의의 다양성을 가장 잘 다룰 수 있는 원리로 여겨져 왔기 때문이다. 하지만 결과는 단지 15%의 기업만이 코칭 리더십을 활용한다고 답했다. 심각한 것은 23%의 기업은 기업 문화 자체가 코칭 리더십이 불가능하다고 답했다.

질문: 리더들의 리더십 스타일이 코칭인가요?

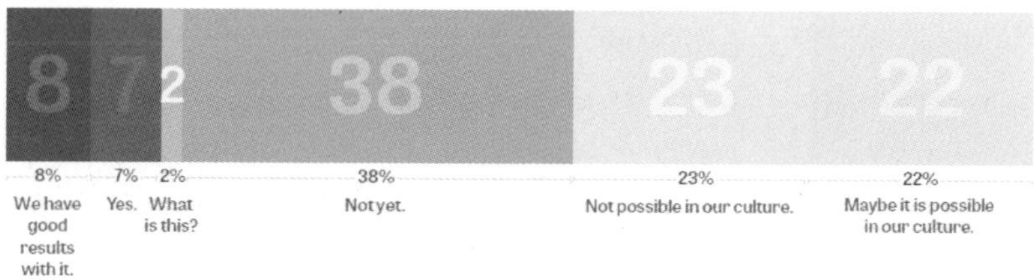

결론적으로 오늘날의 리더는 글로벌화와 다문화주의를 이해하면서 포용의 문화를 조성해야 한다. 글로벌 소통이 가능하도록 소셜

미디어와 가상화를 활용하는 안목을 요구하고, 다문화 주의로 이루어진 다양성 조직을 이끌기 위하여 적절한 코칭 모델을 잘 활용해야 한다. 여러 세대의 다문화 주의에 익숙한 사람들이 가상화와 같은 유연한 환경에서 자신의 가치를 발휘하도록 지원하고 격려해야 한다는 말이다. 다시 말하지만 이것은 결코 쉬운 일이 아니다. 처음부터 다양성을 재정의 해야만 가능한 일이다.

말만 무성하게 D&I를 떠들고 있지 않나요?

요즈음 D&I Diversity & Inclusion(다양성과 포용)란 말은 기업에서 인사를 담당하는 사람은 물론이고 일반 직장인들 사이에서도 꽤 알려진 용어다. 하지만 늘 그렇듯이 D&I의 중요성을 잘 알지만, D&I 정책을 제대로 실천하는 기업은 그리 많지 않은 것 같다. 왜냐하면 대부분 기대하는 성과를 얻지 못하기 때문이다. 이와 관련하여 컨설팅 기업인 딜로이트Deloitte에서 최근에 보고서를 발표했는데, 관심을 끌만한 내용이어서 독자들과 함께 나누고자 한다.[20]

245개의 미국 기업(56%는 글로벌 기업)을 대상으로 설문조사를 실시하였는데, 약 71%의 기업이 앞으로 3년 안에 '포용적Inclusive' 조직 문화를 만들 것이라고 답변했다. 하지만 약 11%만이 이미 포용적 문화를 조성한 것으로 파악되었다.

(출처: American Society for Training & Development)

이 결과는 기업들이 D&I에 대한 이해와 가치에 대한 인식은 높지만 실제적으로는 미사여구로 취급되는 경우가 많고, 준법적인 기준이외의 다양성 전략에는 소극적인 태도인 것을 의미한다.

공교롭게도 필자는 2012년에 국내기업을 대상으로 유사한 연구내용을 논문으로 발표했다. 국내에서 활동하는 66개 기업을 대상으로 - 이 중 약 50%가 외국계 글로벌 기업 - 다양성에 관한 실증연구를 했다. 여러 주제 중 하나가 기업이 다양성 환경Diversity Climate 조성에 얼마나 적극적인지를 확인하는 것이었다. 여기서 다양성 환경은 곧 포용적 조직 문화를 의미하고, 높은 다양성 환경을 만들기 위해서는 실질적인 체계를 갖추어야 하는 노력과 투자가 따른다.

연구 결과, 대부분의 기업이 다양성 환경을 조성하는 것에 소극적인 것으로 나타났다. 왜냐하면 다양성 환경을 위한 제도적 장치나 도구를 마련해야하는 현실적인 행동이나 실행계획이 없기 때문이다. 이것은 다양성에 관한 다른 주제들, 주로 믿음이나 태도와 같이 관점을 묻는 질문에는 긍정적 결과를 보인 것과 상반되는 결과다. 결국 기업이 다양성에 대하여 좋은 믿음이나 긍정적 인식을 하지만, 그것이 실천적인 행위로 이어지기는 아직 어렵다는 것이 필자의 연구에서도 밝힌 것이다.[21]

다시 딜로이트 보고서로 돌아가 보자. 2014년 기준, 실제로 기업들이 D&I에 투자한 돈은 직원 1인당 연 평균 $50정도 수준이라고 한다. 이 사실 하나로도 포용적 조직문화는 우아한 미사여구인 것을 입증한다. 한편 채용과 D&I가 어떻게 연계되었는지의 조사에서도 단지 10%만이 다양성을 고려한 채용 프로세스를 갖고 있다고 응답했다. 확인해보니 기업에서 채용되는 많은 직원들이 내부자 추천 Internal references에 의해 이루어진다는 것이다. 추천받는 후보자 대부분은 추천자와 비슷한 사람이다. 예컨대 같은 인종이나 출신, 세대, 학연, 사모임 등 인구통계학이나 배경이 유사한 사람들이기 때문에 D&I 전략에 오히려 해가 된다.

더욱 충격적인 사실은 조사 기업 중에서 단지 2%만이 D&I 지표 Metrics를 직원들과 공유한다는 것이다. 다시 말하면 2%의 기업만이 D&I를 기업의 전략과 목표에 연계하여 서로 이해하고 있다. 다양성이 선진화되어 있다는 미국기업조차도 실천적인 다양성 정책에는 얼마나 소극적인지를 알 수 있는 통계다.

이 대목에서 좀 엉뚱하지만, 동양사상에 '군자이행언 소인이설언 君子以行言, 小人以舌言' 이란 공자의 말이 있다. 이것은 '군자는 행동으로 말하고 소인은 혀로 말한다.'는 의미다. D&I 제도나 정책을 두고 말만 무성하게 떠드는 것은 글로벌 기업들이나 우리 기업들 모두가 똑같다. 지금이라도 D&I의 비즈니스적 의미가 무엇인지를 직원 모두가 깊이 이해하도록 잘 설명해야 한다. 그리고 D&I 지표가 불분명한 기업은 현실적이면서 실천적인 지표로 바꾸어야 한다. D&I가 어떻게 기업의 인재 개발에, 비즈니스 전략에 적용되는지를 기업의 모든 이해관계자들이 공감하는 노력이 필요한 시점이다.

ERGs가 정말 비즈니스에 도움이 될까?

요즘 전 세계적으로 인구통계학의 프로파일이 빠르게 변하고 있음을 실감한다. 미국과 같은 소수그룹이 많은 다 인종 국가는 말할 것도 없고, 우리나라도 세대의 이동이나 다문화 유입이 빠르게 진행되고 있다. 기업들도 그러한 트렌드를 인지하고 다양한 방법으로 고객 커뮤니티에 접근한다. 그 중에서 혁신적인 다양성 모델로 떠오르

(출처: workingmother.com)

는 것이 바로 ERGsEmployee Resource Groups 활동이다. ERGs는 직원들의 자발적인 사내 모임으로, 공통의 관심사로 모이는 여러 동호회나 인구통계학 속성이 같은 여성모임, 3040 모임, 다문화모임 등 다양성 기반의 그룹들을 말한다.

여기서 한 가지 중요한 질문이 생긴다. ERGs가 정말 비즈니스에 도움이 될까? 인사 전문가인 아이작 딕슨Isaac Dixon 박사는 오랫동안 많은 ERGs들이 출현하고 소멸하는 과정을 지켜보면서, ERGs는 단지 직원들이 회사에 공식적으로 여러 불만이나 이슈를 제기할 수 있는 곳쯤이라고 말한다.[22]

사실상 ERGs의 문제는 과거 시대의 유물이라는 점이다. 직장 내에서 소수그룹들이 동등하게 대우를 받도록 보호해주는 단체로 여겨왔고, 지금도 범위 정도만 확대되었을 뿐 별반 다르지 않다는 것이 그의 주장이다. 기업이 상당한 시간과 자원을 들여 ERGs를 만들었지만, 결국 직원들의 미지근한 소속감만 확인한 경우가 대부분이라고 말한다. 더 큰 문제는 많은 기업이 ERGs 단체가 만들어지면 자연스럽게 회사의 다양성 문제들이 해결될 것이라는 잘못된 믿음이다. 오히려 차별이 실제로 일어났을 때, 쉽게 무시되는 위험을 초래할 수 있다고 그는 경고한다.

반대의 의견도 있다. 다양성 전문가인 쉘턴 구드Shelton Goode 박사는 최근 다양성 전략을 수행하는 기업들 대부분이 ERGs를 통하여 비즈니스를 개선시키고 있다고 발표했다. ERGs 활동으로 직원들은 소통하는 장이 넓어지면서 개개인의 가치를 더욱 존중하게 되고, 고객들을 더 잘 이해하게 된다는 것이다. 이것이 바로 ERGs가 주는 비즈니스 통찰이라고 그는 말한다.

실제로 기업이 특정 고객 군을 접근할 때 ERGs를 활용한다. 예컨대 다문화 고객에게는 사내 다문화 모임의 도움을 받고, 밀레니얼 고객을 위해 2030 모임과 협의하는 등 ERGs는 해당 고객을 이해하고 기업 전략과 연결하는 중요한 역할을 한다.

또한 ERGs가 신입직원의 적응에도 큰 도움이 된다고 한다. 신입직원에게 처음 2-3개월의 수습기간이 매우 중요한 시기인데, 이 때 해당 ERGs에서 멘토링이나 일대일 코칭으로, 회사의 가치와 문화를 바로 알고 적응하도록 지원한다.

이 밖에도 ERGs는 조직 개발을 위한 파트너로서의 역할도 한다. 예컨대 변덕스러운 밀레니얼 인재를 잘 붙잡아 적응시키는데 활용되기도 하고, 다양성 전략을 실행하거나 소통의 리더십을 개발하는데 매우 중요한 역할을 한다. 그래서 ERGs는 단지 비즈니스에 도움이 되는 차원이 아니라 필수적인 것이라고 구드 박사는 강조한다.

이렇듯 ERGs의 역할은 딕슨과 구드 박사의 의견처럼 비즈니스의 활용 측면에서 양분된다. 한 쪽은 ERGs 활동이 다양성과 평등의 차원으로 제한되어 있어 비즈니스 활용을 기대할 수 없다는 의견이고, 다른 한 쪽은 ERGs의 능동적인 활동이 직원의 소속감과 활력을 증대하여, 고객 전략 등 비즈니스에 긍정적이라는 주장이다.

ERGs가 초기에 활동했던 내용이나 과정을 살펴보면 과거의 유물인 것은 분명하다. 하지만 오늘날과 같이 복잡한 기업 환경, 즉 더 다양해진 스펙트럼의 조직과 더 깐깐해진 고객의 요구사항, 기술의 속도 등을 고려하면, 앞으로 ERGs의 역할은 커질 수밖에 없다. 다만 기업이 ERGs의 목적과 범위를 확실히 해두고 소통과 효율로 잘 관리하면, 다양성의 문제뿐 아니라 고객과 시장 전략 등 더 확대된 비즈니스 해법을 얻을 수 있을 것이다.

우리의 기업들도 동호회 등과 같은 형태로 ERGs가 존재한다. 그러나 필자의 눈에는 대부분의 ERGs가 소위 워라벨Work-Life Balance을 위한 회사의 복지 정책으로만 보인다. 일의 고단함을 벗어나 잠시 동안 같은 취미를 즐기는 사람들이나, 처지가 비슷한 사람들과 소통하면서 리프레쉬하는 즐거움 또한 꼭 필요한 부분이다. 다만 ERGs가 더 능동적이고 확대된 생각을 갖도록 기업이 유연성 있게 리드하면, 거기에서 예상치 못한 커다란 비즈니스의 통찰을 얻게 될지 정말 모를 일이다.

스피크업 문화가 비즈니스 전략이 될까?

누구든지 직장이나 학교에서 자기의 의견이 가치 있게 수용되기를 원한다. 소위 '스피크업 문화Speak-up Culture', 어떤 의견이라도 자유로이 개진할 수 있고 그것을 환영하고 존중하는 문화를 의미한다.[23] 필자는 이미 이와 유사한 문화를 '다양성 환경Diversity Climate'이라고도 정의한 바 있다. 단지 다양성 환경은 목소리뿐만 아니라, 사람의 모든 고유한 속성들이 존중받는, 보다 포괄적인 뜻이다.

(출처: Harvard Business Review)

중요한 것은 스피크업 문화는 좋은 다양성 환경에서 리더의 포용력이 잘 어우러져야만 만들어지는 조직 문화라는 것이다. 즉 포용의 리더십Inclusive Leadership이 스피크업 문화를 만들고 기업은 이것이 결국 성과로 나타나기를 기대한다.

관련하여 탈렌트 이노베이션 센터Center for Talent Innovation의 CEO인 실비아 앤 휴렛Sylvia Ann Hewlett은 최근의 실증연구 보고서에서 기업의 다양성 환경과 포용의 리더십이 신 시장 개척 등의 성과에 긍정적인 영향을 준다고 말했다. 다양성 환경과 포용의 리더십이 강한 조직은 신 시장 개척에는 70% 이상, 그리고 재무적 성과는 45% 이상 평균보다 높은 수준을 보였다고 연구 결과로 발표했다.

한편 SCStandard Chartered 은행에서 일어난 흥미로운 사례도 스피크업 문화의 긍정적인 면을 뒷받침해 준다. 이야기는 인도의 SC 은행에서 근무하는 한 평범한 여성 직원의 혁신적인 생각에서 시작된다. 그녀는 오랫동안 이어온 힌두교의 구습인 여성 경시문화를 탈피하고자 한 가지 단순한 제안을 했다. 그것은 인도의 여성 고객들, 봉급생활자든, 소상공인 사업자든, 집안 경제를 맡고 있는 주부든 간에 여성들이 더 이상 경시되지 않고 대우를 받으면서 자유로이 은행 일을 볼 수 있도록, 여성 전용 지점을 세울 것을 고위 임원진에게 건의한 것이다.

비록 글로벌 은행이라 하더라도 별도의 지점을 만드는 결정은 작은 투자가 아니었기에 많은 고민을 했다. 결국 대표적인 두 도시에 여성 전용 SC 지점을 열었다. 당연히 모든 직원을 여성으로만 구성하고 재무 상담 등 여성 고객에 특화된 각종 부대 서비스까지 갖추었다. 결과는 놀라웠다. 두 도시의 많은 여성 경제인들이 몰려들어 오픈 후 2년 동안 뉴델리 지점은 127%, 캘커타 지점은 75% 성장을 달성했고 현재도 성황을 이루고 있다. 결국 SC 은행은 스피크업 문화로 엄청난 성과와 더불어 '여성을 위한 은행'이라는 소중한 아이콘을 얻은 셈이다.

이렇듯 스피크업 문화는 기업의 다양성과 포용 전략이 성과로 나타나게 하는 중요한 매개가 된다. 하지만 어떤 조사에 따르면, 절반 이상의 리더들이 직원의 아이디어를 개인의 잣대로 무시한다고 하며 특히 여성 직원의 아이디어는 남성보다도 상사에 의해 더 무시된다고 하니 불행한 일이다.

한편 기업의 스피크업 문화를 구체적으로 조사한 흥미로운 연구가 있어 소개하겠다. 본 조사는 2015년에 11개 대표 시장(브라질, 중국, 홍콩, 인도, 일본, 러시아, 싱가포르, 남아프리카공화국, 터키, 영국, 미국) - 아쉽게도 한국은 빠져있는데 왜 뺐는지 모르겠다! - 의 글로벌 리더들을 중심으로 직장에서 다음의 6가지 스피크업 항목을 실천하는지 조사했다.

1) 자유로운 질문과 경청

2) 건설적인 논쟁의 촉진

3) 실행적인 피드백을 부여

4) 팀의 조언을 수용하고 실천

5) 팀의 성과나 포상을 공유

6) 팀원들과 정기적으로 접촉

이 중에서 3가지 이상을 실행하는 리더를 포용의 리더로 정의했다. 그래서 포용의 리더와 그렇지 않은 리더를 나누어 다음 두 가지 사항을 비교해 보았다. 먼저 직원이 어떤 의견이든 자유로이 표현하도록 만드는 것에 대해서는 89% 대 19%의 결과를 보였다. 그리고 직원의 의견을 잘 경청하고 인정하는 것에 대해서는 76% 대 20%로 현격한 차이를 보였다.

이 연구에서 밝혀진 또 다른 중요한 시사점이 있었다. 포용의 리더십으로 만들어지는 스피크업 문화는 단순히 직원들이 자유로운 목소리를 내는 것 이상이었다. 포용의 리더는 다양한 직원들이 서로 협력하면서 학습하도록 장려하고, 색다른 분야의 전문가를 영입하기도 한다. 그래서 더 큰 차원의 다양성 스펙트럼을 형성하는 도전도 감행한다.

결론적으로 스피크업 문화는 임직원들 간의 거리와 차이를 뛰어넘어 개인의 잠재적인 능력을 끌어내고, 다른 사람들의 다양성과 협력하는 혁신적인 기업 문화를 의미한다. 이 문화를 이끄는 포용의 리더는 기업이 경쟁력을 갖추고 성장의 길로 들어서게 할 뿐만 아니라, 다양한 잠재력을 가진 직원들이 계속 발전하도록 선순환의 장을 마련한다. 흔히들 오늘날의 경제 상황에서는 기업과 여러 이해관계자 간에 윈-윈 전략을 찾기가 힘들다고 말한다. 하지만 스피크업 문화가 바로 윈-윈 전략이 아닐까?

당신은 4색 스타일 중 어떤 스타일인가요?

얼마 전 러시아 월드컵에서 한국과 독일의 경기는 그야말로 축구 역사상 명게임 중 하나가 될 것이다. 그 게임이 세계적인 주목을 받았던 것은 단순히 FIFA 랭킹 57위의 한국이 1위인 독일을 이겼다는 것만이 아니다. 개개인의 몸값이나 객관적인 실력이 큰 차이임에도 불구하고, 투지와 조직력으로 승리했다는 것이 중요한 의미를 지닌다. 아무리 날고 기는 개인들이 모여도 팀워크가 따라주지 않으면 목수가 너무 많아서 집이 무너지는 법이다.

기업 조직도 마찬가지다. 때때로 능력 있는 사람들로 구성된 조직이 기대에 못 미치는 성과를 내는 경우를 본다. 물론 대부분 리더십이나 인력 관리의 문제라고 쉽게 얘기할 수도 있다. 하지만 구체적으로 어떤 갈등이 있었고, 무엇이 원인이었는지 또한 어떻게 해결해야 할지 막막한 경우가 허다하다. 최근 딜로이트의 전문 컨설턴트 두 사람이 제시한 4색 스타일은 그러한 조직 문제 해결에 실마리를 제공할 만한 꽤 흥미로운 접근법이다.[24]

그들은 무려 약 19만 명의 직장인을 연구 분석하여 4가지 일반화된 업무 스타일을 정의했다. 그리고 각 스타일간에 발생하는 갈등을 어떻게 다루어야 효과적인지도 제시했다.

첫째 스타일은 '개척자Pioneer'로, 이들은 가능성을 가장 큰 가치로 보고 팀에 엄청난 에너지와 상상력을 불어넣는다. 진보를 위한 위험은 가치 있는 것으로 여기고 과감히 감수한다. 또한 주로 큰 그림을 중요하게 생각하고, 새로운 아이디어와 창의적인 접근법을 즐기는 사람들이다.

다음 스타일은 '수호자Guardian'로, 안정성에 가치를 둔다. 이들은 엄격하면서도 실용적이다. 또한 팩트와 데이터에 의존하기 때문에 세심한 반면 위험을 감수하는 일은 주로 피한다.

다음 스타일은 '구동자Driver'로, 도전과 모멘텀을 가치로 여긴다. 이들은 결과를 중시하고 승리를 즐기는 사람들이다. 단지 이슈가 생기면 흑백의 논리로 보는 경향이 있어 갈등의 원인이 되기도 하지만, 논리를 가지고 문제와 싸우는 기질이 강하다.

마지막으로 '통합자Integrator' 스타일로, 관계와 협력을 최고의 가

(출처: Harvard Business Review)

치로 여긴다. 이들은 모든 일은 관계에 의해서 만들어진다고 믿는다. 그래서 대부분 사교적이고 합의를 이루어 함께 나아가기를 희망하는 사람들이다.

이론적으로는 4색 스타일로 고르게 구성된 조직은 인지 다양성Cognitive Diversity이 높기 때문에 잘 어울리면 창의력과 혁신으로 보답한다고 알려져 있다. 하지만 사실상 현실은 서로 다른 스타일로 인한 갈등 때문에 원하는 결과가 잘 나오지 않는다.

예를 들어 수호자 스타일은 세부계획을 하나하나씩 짚어보는 것을 선호하지만, 개척자에게는 그것은 일종의 곤욕이다. 반면에 개척자는 특별한 아젠다나 구성없이 직접 아이디어를 제시하고 실행할 것을 요구하지만, 수호자는 그 내용에 상관없이 비현실적인 접근법에 저항을 한다. 한편 구동자는 보통 자신의 생각을 다른 사람이 받아드리지 않으면 좌절하고, 통합자는 사소한 것에도 민감하여 무시당하는 것으로 여기고 크게 반항을 한다.

그럼 리더는 4색 스타일의 사람들을 어떻게 다루어야 할까? 첫 단계는 당연히 팀원들이 각각 어떤 스타일인지를 파악하는 것이다. 다음으로는 팀원들의 스타일 차이로 어떤 갈등이 일어나는지 확인해야 한다. 반면에 스타일의 차이가 잠재적으로 어떻게 서로 보완되어 긍정적 효과를 얻을 것인지도 파악할 필요가 있다.

딜로이트의 전문가들은 리더가 4색 스타일의 조직을 긍정적으로 이끌기 위해, 중요한 3가지 실천 해법을 제시한다.

첫째, 반대 스타일과 가까이 하라는 것이다. 사실상 조사해보면

거의 50% 이상의 사람들이 반대 스타일과 일하는 것을 싫어한다. 예컨대 어느 구동자가 왜 통합자와 일하는 것이 싫은지를 다음과 같이 말했다. "나는 모든 사람이 이해할 때까지 계속 토론하는 것에 지쳤습니다. 그냥 각자 자신의 의견을 제시하고 일이 빨리 진행되기를 원하는데 그 사람(통합자)은 왜 그리 민감한지 모르겠네요." 한편 어느 개척자가 말한다. "나는 수호자와 같이 일을 하는 것이 정말 어려워요. 뭔가 좋은 아이디어가 떠올라서 진행하려 하면 항상 그 사람이 와서 부정적인 면만 늘어놓아서 번번이 막히고 말지요. 내 생각은 전혀 빛을 보지 못합니다."

반면에 반대 스타일이 만나 오히려 서로 보완이 되어 훌륭한 균형을 이루는 경우도 발견했다. 물론 어느 정도의 시간과 노력이 따라야 한다. 실험에서 어느 수호자와 개척자가 한 팀이 되었을 때, 초기에는 서로의 차이 때문에 많은 어려움을 겪었다. 하지만 계속해서 마음의 문을 열고 소통하면서 완벽한 파트너십을 이루었다. 예컨대 개척자는 프레젠테이션에 매우 능숙하지만 참을성이 부족하여 중요한 부분을 놓칠 때가 있는데, 이 때 같은 팀의 수호자가 세심하게 그것을 보완해주면서 완벽성을 기하는 모습을 발견했다.

당신의 반대파와 가까이 하려고 노력해 보라. 그러면 생산적인 마찰이 창의적이고 완벽한 팀을 만들어 줄 수 있다. 존 레논과 폴 매카트니를 보라. 세레나와 비너스 자매를 보라. 그리고 스티브 잡스와 스티브 워즈니악을 보라. 그들이야말로 차이를 경쟁력으로 만든 사람들이 아닌가?

둘째, 소수 스타일에 관심을 가지라는 것이다. 조직에서 종종 소수 스타일의 의견이 무시되는 경우가 많다. 아무리 다양한 관점이 소통되는 조직이라도 다수 스타일이 이미 정해놓은 흐름은 쉽게 변하지 않기 때문이다. 특히 리더가 개척자 스타일이어서 빠른 진행을 원하는 경우, 팀의 다수가 같은 개척자이거나 구동자 스타일이면 초기에 흐름을 정해버리는 이른바 '캐스케이드Cascade 현상'이 나타난다. 그러면 획일적인 집단적 사고로 운영되는 조직이 되기 쉽다.

그러면 캐스케이드 현상을 방지하고 소수 스타일의 관점을 끌어내는 방법은 무엇일까? 만약 팀에서 수호자가 소수인 경우 그들에게 미리 주제와 시간을 주고 준비하게 하거나, 그들에게 먼저 발언권을 주는 등의 방법론이 있다. 또한 그들만의 편안한 방식으로 의견을 개진하는 메일이나 채팅과 같은 채널을 통하는 방법도 유용하다.

셋째, 내성적인 직원에게도 주의를 기울이라는 것이다. 리더가 아무리 스타일의 차이를 고려해서 노력해도 의견을 잘 피력하지 않는 사람들이 있다. 원래 성격이 내성적이거나 민감한 사람들은 다른 사람의 의견이나 공동의 관심사에 흥미를 보이지 않기 때문에 리더들은 주의를 기울여야 한다. 주로 수호자 스타일에 이런 사람들이 많고 다른 스타일보다 훨씬 많은 스트레스를 받는다고 한다.

혹자는 질문한다. 왜 우리가 굳이 내성적인 사람들에게까지 신경을 써야할까? 하지만 전문가들은 내성적인 사람들도 조직에 큰 기여를 할 수 있다고 말한다. 예컨대 그들은 대부분 도덕적인 면에 철저하고 문제에 많은 시간을 집중하기 때문에, 잠재적인 위험이나 에러를 미리 방지할 수 있다고 한다. 또한 그들이 편안하다고 느끼면 대체로 잘 경청하고 자신보다는 다른 사람의 좋은 아이디어를 부각시키며, 보통 사람이 꺼려하는 업무를 도맡아 해주는 경우도 많다고 한다. 이 정도면 충분히 포용하여 같이 일할 만하지 않을까?

이제껏 언급한 4색 스타일은 단지 사람의 업무 스타일을 약간 일반화하여 분류한 것이다. 이런 방식을 써서라도 사람의 다양성을 더 잘 인지하고 이해하면 기업의 다양성 전략에도 유익할 것이다. 하지만 모든 사람을 4색 스타일로 묶어 제한하고 싶지는 않다. 다만 누구나 자신만의 독특한 스타일이 있고 그것은 서로 부딪치기 마련이라는 것이다. 중요한 것은 마음을 열고 소통하면서 다른 스타일을 얼마만큼 이해하고 수용하는가이다. 축구 경기처럼 골대를 향해 가면서 내가 할 수 없는 부분은 다른 선수의 지원을 받고, 내가 잘 하는 기술로 도와주면서 결국 골을 만들어 내면 이것이 바로 경쟁력이다.

당신은 클래스 이주자인가요?

혹시 '클래스 이주자Class Migrants'란 말을 들어 보았는가? 그것은 보통 블루칼라의 부모 밑에서 열심히 노력하여 상위 클래스로 즉 엘리트 클래스의 위치로 올라간 사람을 말하는 미국식 용어다. 우리나라에서는 '계층 이동 사다리를 타고 자수성가한 사람' 정도가 유사할 것이다. 그러나 요즘과 같이 정의와 공평을 강조하는 분위기에서, '클래스'나 '계층'과 같은 용어를 사용하는 것도 미국에서든 우리나라에서든 조심스러운 일이다.

우리나라는 20세기까지만 해도 대부분의 경제세대들이 주로 힘들고 어려웠던 전통세대의 부모 밑에서 자란 계층이어서, 일부 특권층이나 재벌 같은 소수 계층을 제외하고는 미국식 클래스와는 별 상관이 없었다. 그 대신에 SKY나 KS와 같은 학연이나, TK나 PK와 같은 지연에 의한 엘리트 의식이 생기기 시작했다.

그런데 21세기 들어서면서 부유한 베이비붐 세대 밑에서 자란 경제세대들이 중심이 되어, 서서히 미국식 클래스와 유사한 엘리트 클래스를 만들고 이것이 기존의 학연과 지연까지 더해져 더욱 두터운 클래스를 생성하게 된다. 결국 이들이 정치, 경제 사회의 주류를 차지하고 그 안에 속해있는 소수의 열성적인 클래스 이주자들을 볼 수 있다.

그런데 조사에 따르면 97%의 클래스 이주자들은, 그들이 자라온 배경이 경력을 쌓는데 부정적인 영향을 주었다고 응답했다. 예컨대 여전히 조직에서 낮은 레벨로 취급을 받거나, 엘리트 의식이 만연한 집단에서 따돌림을 받는 등 또 다른 벽이 존재한다는 것이다. 이쯤 되면 클래스는 더 이상 방치할 수 없는 기준이 된다.

일부 고의성도 있기는 하지만, 대부분 클래스에 의한 편견은 일종의 무의식에 의한 편견으로, 기업에서 성별이나 인종에 대한 편견의 문제와 유사하다. 예컨대 기업의 후보자 채용과정에서 '문화적 적합성Cultural Fit'이라는 항목이 있다. 그것은 후보자가 해당 조직 문화에 얼마나 적합한지를 평가하는 항목으로 많은 기업이 필수적으로 적용한다.

문제는 많은 평가자가 문화적 적합성을 주로 엘리트 클래스의 선호나 취미로 평가한다는 점이다. 예컨대 클래식 음악을 좋아하거나

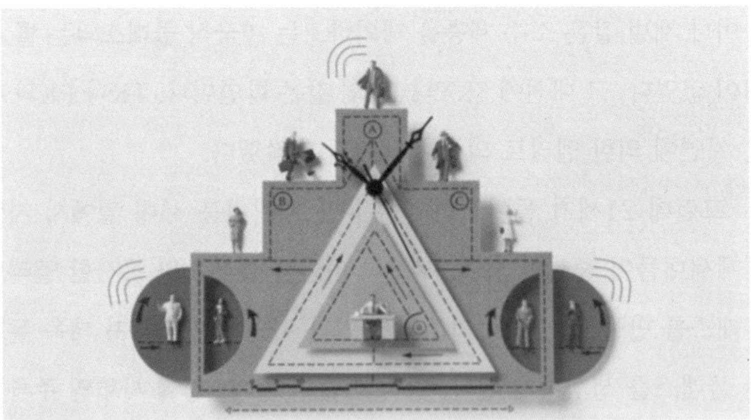

(출처: Harvard Business Review)

악기를 잘 다루는 취미, 스포츠는 폴로나 서핑 등을 좋아하면 문화적 적합성에 큰 점수를 준다는 것이다. 실제로 미국의 여러 로펌을 대상으로 실시한 연구 결과를 살펴보자.[25]

경력이나 학력부분은 거의 동등하게 하고 단지 엘리트 클래스와 일반 후보자군의 취미만 다르게 이력서를 기재하여, 평가자들이 인터뷰 후보자를 스크리닝 하도록 했다. 결과적으로 엘리트 클래스의 후보자는 약 16%가 인터뷰 요청을 받았지만 일반 후보자는 고작 1%만 받았다고 한다.

이런 평가가 꼭 잘못되었다거나 엘리트 클래스를 긍정적으로 평가하지 말라는 법은 없다. 문제는 클래스 적합성이 후보자 자신이 의도하지 않은 자라온 배경과 문화에 의해 평가된다는 점이고, 대개 그것들이 업무의 성과와는 직접적인 관계가 없다는 점이다. 더 중요한 문제는 그 이후다. 비록 클래스 이주자가 어려운 관문을 뚫고 채용되었지만 다수의 엘리트가 선호하는 양식에 맞추어 살아야 한다. 그렇게 하지 않으면, 클래스 이주자는 상대적으로 업무에 대한 집중력이 부족하고 일에 대한 야망이나 태도가 약하다는 비난을 받는다고 한다. 그것은 대단히 잘못된 편견이다.

오히려 클래스 이주자는 특권층이나 엘리트 출신들이 가지지 못하는 독특한 능력이 있다고 한 연구 결과는 말한다. 예컨대 클래스 이주자 출신의 CEO들은 대개 중요한 문제나 위험을 과감히 돌파하는 능력이 엘리트 출신보다 더 우수하고, 끈기와 인내력이 강한 반면에 특권의식은 없어서, 대고객 서비스나 문제 해결에 뛰어난 능력을 보여준다고 한다.

한편 클래스 이주자는 보통 자신을 드러내는 것을 좋아하지 않는다. 자신의 능력을 드러내면 이기적인 사람으로 보일까봐 일부러 그렇게 하지 않는다. 또한 그들은 가족 부양의 의무가 강하다. 그들 부모가 주 80시간 이상을 일하면서 어떠한 명예나 영광을 얻기보다도, 오로지 가족을 지켜야 한다는 의무감으로 살았던 것을 보면서 자랐다. 그래서 보통 성공한 클래스 이주자들은 왜 주말에도 일을 해야 하는지, 왜 쓸데없이 초과 근무를 해야 하는지 이해가 되지 않는다.

반면에 경제적으로 자유롭고 가족에 대한 책임에서 벗어난 엘리트들은, 어릴 때부터 오로지 자신만을 위한 야망과 전문성을 위해 살아야한다고 교육을 받았고 그렇게 믿고 있다. 실제로 그들은 일에 많은 시간을 투자하고 집중하는 경향이 있어 클래스 이주자에 대한 반대의 편견이 생겼을지도 모른다.

전문가들은 이제 클래스 이주자를 다양성의 측면으로 봐야한다고 말한다. 기업은 채용에서부터 직장 생활에 이르기까지 클래스 문제를 잘 다루어야 한다고 강조하면서 다음의 몇 가지 팁을 제안했다.

첫째, 특정 학교 출신의 편중된 채용 패턴을 바꾸라는 것이다. 미국의 아이비리그 대학이나 우리나라의 SKY 대학에 편중된 채용을 말한다. 특히 하버드 대학 학생 부모의 반 이상이 미국 상위 10% 이내의 부자에 해당한다고 한다. 우리나라도 2018년 조사에서 SKY 대학 학생의 46%가 고소득층의 자녀로 확인되어, 부나 소득에 따른 교육 영향이 미국이나 우리나라가 비슷한 것으로 나타났다.[26] 미국과 유사한 클래스의 문제가 현실이 되고 있다는 의미다.

그런데 기업이 특정 학교 출신으로의 편중된 채용 패턴을 다른 방향으로 수정하면 일부 클래스 문제를 해소할 수 있을 것으로 기대된다. 예컨대 대표적인 IT기업인 구글은 아이비리그뿐 아니라 주립대를 포함한 중, 상위 대학들에서 우수한 학생들을 채용한다. 이것은 구글이 자체 조사 결과, 평균수준의 아이비리그 출신보다도 상위 수준의 주립대 출신의 직원이 더 좋은 성과를 내기 때문이라고 한다.

둘째, 만약 문화적 적합성이 채용항목에 꼭 들어가야 한다면 그것을 확실하게 정의하라는 것이다. 구글은 그것과 유사한 '구글리니스Googleyness'란 항목을 넣어 '인생을 어떻게 즐기는지', '자신이 틀렸을 때 인정하는 지적 겸손', '모호한 것을 편안히 받아들이는 능력', '도전하는 자세' 등으로 정의했다.

셋째, 가급적 직원 소개 채용Referral Hiring을 제한하는 것이다. 만약 당신이 가까운 친구나 아는 사람으로만 소개하여 채용한다면 그 조직은 획일적인 팀이 될 가능성이 높다. 여러 차례 언급했듯이 획일적인 조직은 문제 해결 능력을 현저히 떨어뜨리고 발전도 저해한다. 무엇보다도 직원 소개 채용으로는 해당하는 역할에 꼭 맞는 최적의 후보자를 찾기에도 한계가 있다.

넷째, 개인의 성과에 앞서 팀워크에 의한 성과를 더 높이 평가하라는 것이다. 자신을 드러내지 않는 클래스 이주자들은 개인의 성과보다는 팀에 기여하는 것을 오히려 자랑스럽게 생각하는 경향이 있기 때문이다.

마지막으로 워라벨Work-Life Balance 제도를 여성이나 특정 직원을 위한 것이 아니라 기업 전반의 문화로 정착시켜야 한다는 것이다. 업무 시간 이후 직원들의 퇴근 여부를 모니터링 하는 등의 구시대적인 방법은 이제 탈피하고, 보다 자율적인 생활을 영위하는 문화로 만들어가야 한다. 이것이 곧 업무의 집중도와 연결되어 건강한 기업문화를 형성할 것이다.

결론적으로 비록 클래스를 언급하는 것이 아직까지 어색하고 민감하지만, 이제는 다양성의 한 면으로 봐야할 때가 된 것 같다. 엘리트주의가 정치 집단이나 경제, 사회조직에 만연해 있다는 사실은 미국이나 우리나라나 똑같다. 오히려 귀족주의에서 파생된 미국식 엘리트주의에 학연과 지연까지 포함된 더 큰 그들만의 리그가 우리 사회의 새로운 클래스로 자리를 잡고 고착되려고 한다. 반면에 클래스를 이주하려고 노력하는 사람은 점점 더 힘든 싸움을 해야 한다. 이것은 인력 다양성으로 좋은 인재를 양성해야 하는 면에서 국가적인 손실이자 기업에게도 큰 잠재적인 손실이 아닐 수 없다.

2012년에 미국에서 조사한 내용을 보면 당시 전체 등록 대학생의 61%의 부모가 대학 근처에도 가보지 못했던 산업 근로자나 일반 노동자 계층이었다고 한다. 확인해 보지는 못했지만 우리나라도 그리 큰 차이는 없을 것이다. 이것은 클래스 이주자가 되려는 다수의 후보자들이 지금 이 시간에도 고군분투하면서 노력하고 있다는 것을 말한다. 정부와 기업들은 클래스의 문제를 다양성의 측면으로 충분히 인지하고 이에 맞는 정책으로 그들에게 문을 열어줘야 한다. 클래스 이주자의 문제는 이제 먼 미래의 얘기가 아니라 현실이기 때문이다.

슈퍼맨은 요즘 사람이 아니야

기업들이 비즈니스에서 실패하는 많은 이유 중 하나가 획일성 때문이라는 것을 많은 기업인이 인지하지 못하는 것 같다. 집단적 사고 Group think에 의해서든, 일부 리더의 독단적 생각에 의해서든 편협한 아이디어에 의존하기 때문이다.

오늘날 기업 비즈니스의 대부분은 하나의 특정 분야를 넘어 이른바 융합 비즈니스를 다루어야 성공할 수 있다. 그 만큼 점점 더 복잡해지고 있다는 말이다. 그러니 과거처럼 한 사람의 슈퍼맨이 해결하기에는 쉽지 않은 일들이 너무 많다. 유명한 여성 기업가이자 강연자인 마가렛 헤퍼넨 Margaret Heffernan은 '다양한 능력의 사람들이 서로의 호기심을 자극하고, 아이디어를 공유하면서 협력하는 환경이어야만 오늘의 까다로운 문제들을 해결할 수 있다'고 말했다. 사고의 다양성이 매우 중요한 시대가 된 것이다.[27]

그러면 어떻게 해야 조직의 다양한 사고들이 잘 조화를 이룰까? 바로 공감능력을 높이면 된다. MIT의 토마스 말론 Thomas Malone 교수는 조직의 문제해결 능력을 실험하는 연구를 했다. 연구 대상은 높은 지능지수를 가진 집단, 높은 감성지수를 가진 집단 그리고 높은 공감지수를 가진 집단으로 나누었다. 실험 결과, 높은 공감지수를 가진 집단의 문제해결 능력이 제일 뛰어난 것으로 밝혀졌다.

다니엘 핑크는 그의 저서 '새로운 미래가 온다.'에서 공감이란 자신을 다른 사람의 처지에 놓고 생각하며 그 사람의 느낌을 직관적으로 이해하는 능력이라고 정의했다.[28] 즉 내가 다른 사람이 되었을 때 어떤 감정을 느낄지 생각해 보는 것으로, 대담한 상상행위이며 그 사람의 마음을 타고 오르는 아찔한 행동이라고 했다. 기업 조직에서 공감은 실로 높은 수준의 팀워크라 할 수 있다.

하지만 최근까지 공감 능력은 그저 속세의 이해관계에서 초연하기를 요구하는 자애로움쯤으로 여기거나, 일종의 스킨십 정도로만 취급을 해왔다고 다니엘 핑크는 언급하면서 빌 클린턴 전 미국 대통령의 사례를 들었다. 그는 한 인터뷰에서 '저 또한 당신의 고통을 느끼고 있습니다.'라고 했다가 여론의 엄청난 뭇매를 맞았다고 한다. 왜냐하면 그런 말은 대통령답지 못하다는 이유에서다. 일반 사람들은 대통령 정도의 리더는 느낌보다는 생각, 마음으로 공감하기보다는 빈틈없이 계획하는 자세가 더 중요하다고 오랫동안 여겨왔기 때문이다.

비즈니스의 세계에서도 마찬가지다. 감정과는 거리를 두어야하고 차가운 이성으로 사안을 판단하는 능력을 최근까지도 중시해 왔다. 그러나 하루가 다르게 빠르고 복잡하게 돌아가는 21세기의 융합 비즈니스는 리더 한 사람의 차가운 이성과 뛰어난 판단 능력으로도 감당하기 어려운 거대한 산이다. 단지 다양성이 모여 공감하고 협력해야만 이 거대한 산을 정복할 수 있다. 대니얼 골먼Daniel Goleman은 그의 저서 '정서지능Emotional Intelligence'에서 '공감 능력이 기존의 지능적 능력보다 중요하며 세상이 그들의 소리에 귀 기울일 것'이라고 말한다. 오늘의 정보 기술이 많은 지능적 능력을 대체할 수 있기 때문이다.

예를 들어 법률분야를 보자. 대부분의 법률지식은 소프트웨어와 인터넷으로 누구든지 거의 실시간 조회가 가능하다. 한때 정보를 독점했던 변호사들의 성역이 무너진 것이다. 그러면 어떤 변호사가 살아남을 것인가? 고객과 공감하는 변호사다. 협상에서 상대의 잠재된 숨은 의도를 잘 파악해 내는 변호사, 배심원들과 공감을 이루며 잘

그림 이연우

설득해 나가는 변호사만이 살아남게 될 것이다. 지금이 바로 그 공감의 시대인 것이다.

다니엘 핑크는 공감 능력이 21세기에는 직업적 기술 이상의 의미로, 생활윤리이면서 인간이 다른 인간을 이해하는 수단이자 국가와 민족을 초월해 의사소통을 할 수 있는 보편적 언어라 했다. 한편 오늘날의 복잡하고 험난한 비즈니스 문제를 한 사람의 판단과 능력에 맡긴다는 것처럼 위험한 일도 없을 것이다. 다양한 모습과 다양한 배경을 가진 여러 생각들이 서로 공감하면서 문제를 해결해갈 때, 그것이 바로 21세기 비즈니스의 핵심이라 하겠다.

과연 다양성이 창의력을 발휘할까?

이제까지 다양성의 문제는 대부분 인종이나 성 차별에 의한 갈등 해소 등 사회 윤리적이거나 제도적으로 다루어왔다. 그런데 최근에 비즈니스 측면에서 더 관심을 받는 주제가 있다. 그것은 '과연 다양한 인력으로 구성된 조직이 더 창의적일까?'이다.

대부분 학자들은 실증적 연구 결과나 사례를 통해 그렇다고 대답한다. 특히 엘리Ely와 토마스Thomas 박사가 연구한 결과가 인상적이다.[29] 그들은 다양성을 통합-학습의 관점Integration-and-Learning Perspective이라는 이론으로 얘기했는데, 그것은 조직 내 다양한 문화

그림: Jennifer Maravillas (출처: Harvard Business Review)

적 정체성을 가진 인력들을 가치 있는 자원으로 여기고, 서로간의 차이를 존중하면서 서로의 경험을 통하여 학습을 촉진시킨다는 관점이다. 그리하여 수준 높은 전략을 만들고 비즈니스를 창조적으로 발전시킨다는 것이다. 즉 통합-학습의 관점은 다양성이 기업의 주요 업무 프로세스와 연결되어 창의적인 변화를 일으키고 지속적인 학습효과의 선순환으로 이어진다는 의미다.

하지만 부정적인 연구 결과도 있다. 필자도 다양성에 관한 여러 문헌들을 공부하면서 창조적 성과와의 관계를 확인했지만, 확실한 상관관계를 얻지 못했다.[30]

실제로 기업들은 창의력이나 혁신이 경쟁우위에 필수적이라는 것을 공감은 하지만, 섣불리 다양성으로 무장된 조직을 구성하지 못하고 있다. 그것은 다양성으로 인하여 생기는 충돌이나 의사결정 능력의 부족, 장시간 토론에 의한 시간 부족 등의 여러 가지 갈등 요소들이 있기 때문이다.

한편 최근에 하버드 경영 연구소에서 발표한 논문에서 다양성과 창의력에 대한 흥미로운 내용이 있다.[31] 다양성과 창의력이 긍정적인 관계를 유지하려면 어떤 구체적인 요건 사항들이 전제되어야 가능하다는 것이다.

첫째, 창의력과 실행력은 다르다. 즉 아이디어를 만들어 내는 것과 실행하는 것을 달리 봐야 한다는 것이다. 하버드 경영 연구소에서 10000개 이상의 기업을 대상으로 108개의 연구 결과를 메타 분석했는데, 다양한 배경이나 능력으로 구성된 팀을 핵심 연구나 아이디어 창출에 활용하면 확실히 성과가 좋았다. 반면에 그 아이디어를 실행하는 단계에서 다양성의 팀은 내적인 갈등과 의사결정 능력의 부족으로 부정적인 결과를 보였다. 실행조직은 주로 시간과의 싸움이 경쟁력이기 때문에 단합 의식이 더 중요할 수 있다는 것이다. 일리 있는 말이다.

둘째, 다양성의 리더십은 필수적이다. 필자는 여러 사례를 통해 다양성의 실현은 탑-다운Top-down 방식이어야 함을 강조했다. 적절한 리더십으로, 다양성으로 인한 갈등을 조절하는 것이 반드시 필요하다.

셋째, 극단적 다양성은 오히려 더 큰 문제를 일으킨다. 최근 연구에서도 극단적으로 다양하게 구성된 팀은 확실히 조화가 어렵고 심한 갈등을 겪기가 쉽다는 결론을 제시했다. 그래서 적절할Moderate 정도의 다양성이 오히려 더 나은 창의력을 보여준다고 한다. 경영의 원리에서 자주 하는 말이 있다. '이익과 비례한다 하여 극단적인 패러다임으로 가는 것은 오히려 암흑이 될 수 있다'는 교훈을 깊이 새겨보자.

넷째, 깊은 수준Deep level의 다양성이 핵심이다. 보통 다양성을 논의할 때 주로 인종이나 성별, 나이 등과 같은 인구통계학적인 속성들이 중심이 된다. 하지만 창의력에 깊이 관계된 다양성은 보이지 않는 심리학적인Psychological 속성이 강하고, 필자는 그것을 깊은 수준의 다양성인 가치적Value 다양성으로 정의한 바 있다. 즉 사람마다 지닌 고유한 개성이나 가치관 또는 능력 등이 가치적 다양성에 해당한다. 인구통계학적 다양성이 겉모습과 같이 정형화되고 탐색이 쉬운 반면에 깊은 수준의 가치적 다양성은 사람 개개인이 지닌 가치나 능력에 초점을 맞추기 때문에 창의력에는 핵심이 된다.[32]

다섯째, 지식 공유의 문화가 필수적이다. 아무리 좋은 다양성의 팀을 구성한다해도 서로의 지식을 공유하지 않는 분위기라면 소용이 없다. 앞서 자주 언급했던 다양성 환경이 잘 조성되어 있어야 한다는 의미다.

마지막으로, 다양성 교육의 중요성이다. 최근 기업에서 실시하는 다양성 교육은 다른 코칭이나 리더십과 같은 전형적인 교육과는 다르다고들 말한다. 특히 냉소적이거나 무뚝뚝한 직원에게도 설득력이 있고 좋은 효과를 얻는다고 한다. 아마 다양성의 주제가 아직까지는 신선하고 일상의 문제이면서, 주로 다양성의 긍정적 효과 등을 다루기 때문에 대부분의 수강생들은 인상적으로 생각하는 것 같다.

결론적으로 다양성을 활용하면 분명 높은 창의력을 발휘할 수 있다. 하지만 항상 그런 것은 아니고 전제되어야 할 조건들이 있다. 실행력보다는 창의력이 필요한 업무에 다양성 팀이나 조직을 활용하면 더 효율적이고, 그 다양성 구성이 적절해야 하며, 가급적 깊은 수준의 다양성이어야 한다. 또한 탑-다운의 리더십과 함께 다양성 환경, 즉 지식 공유의 문화가 조직 안에 잘 조성되어 있어야 한다.

VUCA 비즈니스의 세계를 어떻게 대응해야 하나?

오늘의 경제상황을 말할 때 보통 'VUCA의 세계'라고 한다. 당신은 VUCA라는 흥미로운 용어를 들어본 적이 있는가? 그것은 세계경제가 '변동적Volatile이고 불확실Uncertain하며 복잡Complex하고 모호Ambiguous하다는 것'을 의미한다. 글로벌 경쟁이 심화되고 있는 현실에서 기업들은 현재의 성과를 유지하는 것조차 힘겹다. 안으로는 비용 절감에 더욱 허리띠를 졸라매면서도 생산성을 높이기 위해 고군분투를 해야 하고, 밖으로는 M&A나 다운사이징 등 새로운 혁신을 요구하는 목소리들과 맞서야 한다. VUCA 비즈니스 세계에서 리더는 기존의 교과서적인 리더십 스타일이나 조직 모델로는 경쟁력을 확보하기가 어려워진다. VUCA의 세계에 적합한 새로운 생존방법을 찾아야 하는 힘든 과제 앞에 놓여있는 것이다.

인사 전문가이면서 학자인 사타 바와니Sattar Bawany교수는 오늘날의 VUCA 비즈니스 세계에서 기업을 지속가능하고 성공적으로 운영하기 위하여 결코 간과할 수 없는 몇 가지 트렌드가 있다고 말한다.[33]

현재뿐만 아니라 미래의 어느 비즈니스 상황에서도 기업은 이 트렌드를 먼저 잘 이해하고 유연하게 대응해야 한다고 그는 충고한다.

1. 글로벌화

이미 독자들은 글로벌화를 너무 잘 알아서 용어 자체는 식상하다. 하지만 몇 가지 주목할 점이 있다. 오늘의 글로벌화는 이제 지리적인 범위를 벗어나 어마한 다중 채널의 사이버 세계에서 고객들과 직접 거래하고 소통한다는 점이다. 이것은 완전히 다른 차원의 글로벌 시장을 의미한다.

또 다른 글로벌화의 문제는 전략적인 부분이다. 기업의 정체성을 완성해온 로컬 시장의 전략과 글로벌 전략이 어떻게 균형을 이루면서 발전시키느냐 하는 것이다. 왜냐하면 글로벌 시장의 환경은 나라나 지역에 따라 문화나 법규가 다르고, 경쟁상황 등이 로컬 시장과는 현저히 다를 수 있기 때문이다.

2. 새로운 인적자본

오늘날 기업 성공의 원천은 과거와 같이 질 좋은 제품이나 생산 능력, 핵심기술만으로는 부족하다. 왜냐하면 경쟁자도 단시일 내에 해당하는 자원을 갖출 수 있기 때문이다. 반면에 아이디어를 만들어내고 응용하는 능력, 즉 인적자원의 능력은 모방하기 어려운 경쟁력이다. 그래서 이제는 끊임없이 혁신을 일으킬 다양한 인재를 발굴하는 것이 진정한 경쟁력이다. 기업은 자신이 보유한 핵심 가치와 함께 새로운 혁신과 전략을 위한 인적 자본을 어떻게 개발할지 고민해야 한다.

3. 수평적 조직구조

최근 글로벌 기업들은 핵심 역량을 기업 목표에 집중하도록 조직을 과감히 수평적인 구조로 바꾸고 있다. 수평구조의 특징은 직원에게 더욱 많은 자율성을 주면서도 책임도 동시에 부여한다는 점이다. 또한 고객의 요구에 더욱 빠르게 대응하면서 불필요한 간접비용을 없앨 수 있는 장점도 있다.

미국 워싱턴 주에 소재한 Valve corporation은 '하프라이프'라는 비디오 게임으로 유명한 회사다. 이 회사는 조직 내에 보스나 매니저가 없다. 단지 직원들이 선호에 따라 일을 선택한다. 직원 중에 경험이 많거나 높은 기술을 가진 전문가가 기획자가 되어, 어떤 게임 프로젝트의 '그룹 리더Group contributor role'를 자원하면 원하는 사람들이 모여 그 게임 개발에 참여한다. 개발 이후에 보통 팀은 해체되고 다시 자유롭게 다음 일을 선택한다. 이러한 '자율 업무 선택제Free to Choose'는 사무실 디자인에서도 나타난다. 이 회사 사무실의 책상과 의자는 모두 바퀴가 달려있다. 왜냐하면 선택하는 일에 따라 이동을 자유롭게 그리고 신속하게하기 위해서다. 직원들이 전하는 긍정적인 피드백 중 하나는, 수평조직의 팀을 통하여 다양성을 더욱 체험하게 되고 서로간의 배우려는 자세가 커진다는 점이다. 즉 지속적인 자기 개발의 선순환을 경험하게 된다.[34]

4. 다양성

고객은 끊임없이 기업에게 언제 무엇을 원하는지, 가격은 합리적인지 등의 유용한 피드백을 여러 채널을 통해 전한다. 우리는 이것을 보통 VoCVoice of Customer라고 부른다. 요즈음과 같은 초경쟁Hyper-competition[35]의 시대에는 기업이 실시간 VoC에 어떻게 대응하느냐가 곧 생존력이고 경쟁력이다. 이 때 기업들이 전략적으로 고려해야 할 트렌드가 바로 다양성이다.

의도하든 아니든 글로벌화로 인해 기업 조직의 인적 다양성은 커지게 된다. 조직 내에는 다른 문화들이 유입되고 세대나 성별이 다른 직원들이 혼재한다. 리더에게는 이러한 다양성을 어떻게 VoC와 같은 고객 경험 전략에 활용하여 긍정적인 성과로 전환할 것인가가 중요한 도전이 된다. 오늘날 VUCA 세계에서의 성공은 어떻게 다양성으로 경쟁우위를 확보할 것인지에 달려있다.

여기 다양성을 활용할 수 있는 간단한 팁이 있다. 먼저 직원 중에서 주 업무 외에 다른 독특한 기술과 경험을 보유한 사람이 있는지 찾아보는 것이다. 예컨대 어떤 직원이 여러 외국어를 자유롭게 구사하는 능력이 있다면 보다 다채로운 고객 서비스를 제공할 수 있을지도 모른다. 또 어떤 직원은 활동적인 취미나 여러 분야의 경험이 풍부하다면 대리점이나 파트너들과 더 잘 소통하여 성과에 기여할 수도 있을 것이다. 그리고 이러한 다양성의 문화가 다른 직원들에게도 자극을 주어 학습 효과를 일으키고 결국 조직의 가치를 높인다. 리더는 인재를 찾기 위하여 항상 소통의 문을 열어두고 오디션의 장을 마련하면 좋을 것이다.

결론적으로 기업은 바와니 교수가 언급한 네 가지 변화의 트렌드를 직원들이 잘 파악할 수 있도록 여러 채널과 도구를 마련해야 한다. 또한 수평적인 문화로 자유로이 소통하고 피드백 하는 분위기를 만드는 것도 중요하다. 다양한 직원들이 서로 조화를 이루고 협력하는 분위기를 만드는 것은 사실상 쉽지 않은 도전이다. 다만 오늘날의 VUCA 비즈니스 세계에서는 개개인의 다양한 가치와 능력이, 변화하는 트렌드에 맞게 기업의 전략과 목표에 연결되어야 함을 기업과 리더는 명심해야 한다.

다양성 전문가들이 말한다

요즘은 어지간한 규모의 글로벌 기업 조직이라면 다양성과 포용을 중요한 실천사항으로 여긴다. 일반적으로 다양성은 '다름의 모든 방식All the ways we differ'이라고 정의하고, 이는 곧 기업에서 사람마다 가진 고유한 능력을 극대화하는 조직의 실천 양식을 의미한다. 그리고 포용은 '다름을 가치로 인정하고 존중하는 조직 환경Workplace

(출처: HR Magazine)

where differences are valued'으로 정의한다.[36] 하지만 많은 전문가들이 다양성과 포용의 중요성을 강조하면서 쏟아내는 말들은 각자의 관심사에 따라 제각각이다. 매우 흥미로우면서도 통찰을 주는 말들이 있어 몇 가지를 소개하겠다.[37]

존슨앤존슨의 최고 다양성 책임자인 완다 호프Wanda Hope는 오늘날 스마트한 기업이 되려면 시장의 인구통계학 프로파일이 어떻게 변하는지 똑바로 인지해야 한다고 강조한다. 그러면서 "어제의 조직이 그냥 미래의 조직이 될 수 없습니다. 그래서 다양성과 포용을 실천하는 것이 곧 미래 비즈니스로 가는 지름길입이다"라고 말했다.

세계적인 통신회사인 AT&T는 직원의 42%가 유색인종이고 독보적인 다양성 정책으로 유명하다. 최고 다양성 책임자인 씬씨아 마샬Cynthia Marshall은 AT&T의 다양성 정책을 언급하며 "우리는 직원들을 마치 우리의 고객 세그먼트와 똑같은 것처럼 구성합니다. 왜냐하면 우리가 고객에게 진정으로 서비스하기 위해서는 우리 자체가 다양해져야하기 때문이지요."라고 말했다.

최근 맥킨지나 PwC 등 여러 컨설팅 보고서에서 다양성이 기업의 성과에 긍정적인 효과를 준다고 발표했다. PwC의 최고 다양성 책임자인 마이크 딜런Mike Dillon은 "기업이 다양한 인력을 개발하고 보유하는 것이 바로 혁신이고 미래의 성장 동력 입니다. 왜냐하면 다른 배경과 관점을 가진 사람들이 모이면 많은 질문들이 쏟아지고 다른 차원의 생각들이 모이기 때문이지요. 결과는 어떨까요? 당연히 더 혁신적인 아이디어와 솔루션이 탄생합니다."라고 말했다.

본서 Part 1.에서 소개한 IBM의 다양성 전략 사례에서 CEO 루이스 거스너가 했던 말들은 오래 기억될 만한 명언들이다. 그가 취임했을 당시에 다양성이 IBM의 가치사슬에 충분히 반영되지 않았음을 인지하고 그는 "다양성이란 다양하고 다문화적 시장을 이해하는 것에서 시작해야 합니다. 그리고 다양한 고객들로부터 기회를 창출하기 위해서는 기업 자체가 다양성을 추구해야 하지요"라고 말했다. 또한 그는 "조직 내에서 차이를 최소화해야 한다는 잘못된 기존의 인식에서 벗어나 차이를 장려하는 문화로 전환해야 합니다. 이것은 곧 창조적 배움으로 이어지고 이 과정을 통하여 비즈니스 기회가 만들어지는 것이지요. 바로 건설적 붕괴Constructive Disruption가 필요한 시점입니다."라고 말했다.

다양성 전문가인 하워드 로스Howard J. Ross는 다양성과 포용을 정의하기를 "다양성은 파티에 초대를 받은 것이고, 포용은 파티에서 어울리며 춤을 추는 것입니다."라면서 포용의 실천을 강조했다. 사실상 포용의 실천 중에서 가장 어려운 것은 무의식적으로 생긴 편견들과의 싸움이다. 그것은 자신이 오랫동안 겪어온 체험과 학습의 결과가, 내면에 무의식적으로 잠재해온 것이기에 깨기가 쉽지 않다. 그래서 기업은 다양성 교육을 통하여 직원들의 무의식 편견Unconscious Bias을 깨려고 노력한다. 하지만 그것으로는 부족하다고 그는 말하면서 "다양성 교육은 시작점에 불과합니다. 마치 운동하러 체육관에 온 것과 같지요. 실제 운동은 지금부터 해야 합니다."라고 말했다.

다양성의 팀을 만들면서 사람들의 생각하는 스타일이 각기 다르다는 속성을 결코 무시할 수 없다. 예컨대 어떤 팀원은 큰 그림에 초점을 맞추는 경향이 있는 반면 어떤 이는 과정을 중시한다. 인지 다양성Cognitive Diversity 전문가인 데이비드 록David Rock은 "인지 다양성의 문제 즉 팀원 각각의 다양한 관점이 팀을 스마트하게 만든다."라고 말했다. 또한 무의식 편견을 가장 경계해야 할 것으로 강조하면서 "무의식 편견은 그 자체가 무의식 상황이기 때문에 개인 스스로가 결코 인지할 수 없지요. 단지 다른 팀원들에 의해서만 발견될 수 있습니다."라고 말했다. 그리고 포용에 관하여 그는 "리더들이 흔히 저지르는 오류 중 하나가, 포용을 강조하기 위해 소수그룹 직원들을 드러내려고 하는 경향입니다. 하지만 그것으로 오히려 다수그룹이 민감하게 반응하여 더 나쁜 결과를 초래하게 되지요"라고 충고하면서 "그것보다는 간단한 실행 습관을 만드는 것이 효과적입니다. 예컨대 직원들 간에 5미터 거리 내에서는 서로 웃으면서 인사하기 등이 그런 것 이지요"라고 말했다.

한 가지 확실한 것은, 많은 전문가들이 다양성과 포용은 비즈니스의 핵심 목표와 연계되어야 한다고 강조한다는 점이다. 그것이 기업에서 인권이나 공평의 이슈로만 취급되는 것이 아니라, 고객과 시장, 비즈니스 전략이 되어야 한다는 의미다. 또한 전문가들의 말 속에서 다양성과 포용은 목표를 정할 수 있지만 최종 목적지가 없는 여정이라는 것을 확인할 수 있다. 그런 의미에서 필자가 앞에서 언급한 다양성의 정의를 다시 한 번 강조하고 싶다.

"먼저 다름을 인지하고, 이해하고, 인정하고, 수용하고, 장려하는 끊임없는 여정이다"

당신 안에 다양성의 가치가 있어요

최근 글로벌 기업들을 중심으로 리더십의 다양성, 즉 고위임원진이나 이사회 구성에 다양성의 요구가 점점 커지고 있다. 왜냐하면 다양성이 예전처럼 단지 평등 규정을 강조하는 것만이 아니라, 고객이나 시장을 다양하게 바라보는 기업의 실질적인 전략과도 관계가 있기 때문이다.

예를 들어 성별 다양성만 보더라도 독일과 같이 양성평등을 중요시하는 나라의 기업들은 고위임원의 30% 이상이 여성이다. 미국 기업들도 평균적으로 여성임원이 20% 넘어 증가추세이지만 우리나라는 여전히 3%를 넘기기가 힘든 상황이다. 이것을 보면 아직도 우리 기업들은 성별 다양성을 경쟁력으로 생각하지 못하는 것 같다.

한편 기업이 다양성을 성공의 프리미엄인 것처럼 여기고 고위 임원들을 다양하게 구성만 하면 성과를 보장한다는 인식도 매우 잘못된 것이다. 일반적으로 다양성에는 크게 두 가지 속성이 있다. 하나는 성별이나 나이, 인종 등과 같이 눈에 보이는 속성 즉 인구통계학적 속성이고 다른 하나는 직업적인 경험이나 기술지식 등의 눈에 보이지 않는 정보적인 속성이다.

전략적으로 리더십의 다양성에는 정보적 속성이 더 중요하다. 왜냐하면 보통 고위 임원들은 어떠한 비즈니스 상황에서도 적절한 해법을 찾아내야 하고 최적의 의사결정을 해야 하기 때문이다. 성별 다양성이 중요한 이유도 단순히 남성과 여성이 다르다는 것이 아니라 성별적인 특성에 따른 다양한 가치관을 보여주기 때문이다. 결국 기업에서 리더십의 다양성은 그 기업에서 필요로 하는 기술이나 경력을 지닌 각각의 임원들이 어떻게 협력하는가에 달려있고 그것이 경쟁력의 핵심이 될 것이다.

그러면 리더십의 다양성 전략이 실행되고 있는 것을 어떻게 확인할 수 있을까? 간단한 방법이 있다. 만약 당신이 어느 기업의 임원으로 영입되었을 때, 당신의 경험이나 능력이 다른 임원들과 다르고, 당신의 생각이 독특하다면 이미 리더십의 다양성은 실행되고 있는 것이다.[38]

성공한 기업들은 리더십의 다양성 전략이 얼마나 중요한지를 잘 안다. 2011년 스타벅스는 소셜 미디어 전문가인 29세의 젊은 클라라 쉬Clara Shih를 이사진 멤버로 임명했다. 이 사건은 스타벅스 내에서 뿐만 아니라 식음료 산업 전체에 큰 화제를 불러 일으켰다. 당시 소셜 미디어 분야는 스타벅스의 향후 성장 동력으로 설정을 해 놓은 상태였고, 이사진들은 그녀가 어린 나이임에도 불구하고 기업의 미래 전략에 반드시 필요한 전문가라고 생각했기 때문에 과감한 결단을 내렸다.

그리고 그 예상은 적중했다. 이후 5년 동안 스타벅스는 크게 성장했고 주식 가치는 3배나 올랐다. 물론 이러한 성장이 반드시 그녀 혼자 만든 것이라고 할 수는 없지만 리더십의 다양성 전략이 크게 한 몫을 한 것은 사실이다. 지금도 그녀는 젊은 고객 세그먼트Segment에 대한 통찰력으로 스타벅스 마케팅을 주도하고 있다.

스타벅스의 사례는 기업의 다양성 전략에 중요한 한 가지 포인트를 시사한다. 기업이 리더십을 구성할 때, 미래의 성장 시장이나 새로운 트렌드에 적합한 후보자의 이미지를 미리 스케치해 놓을 필요가 있다는 점이다.

바꾸어 말해 만약 당신이 잠재적인 후보자가 되기를 원한다면 자신이 어떤 독특한 경력과 능력을 가지고 있는지, 그것이 기업의 가치나 니즈에 어떻게 적합할지를 진지하게 생각해 보는 것이 중요하다. 예컨대 어느 유통기업은 인사에 정통한 이사진이 필요할 수 있고, 어느 제조 기업은 신 시장 개척에 능숙한 리더를 찾을 수 있다. 또한 하

클라라 쉬 (출처: cnbc.com)

이테크 기업들은 초기 시장 선점을 위한 소셜 마케팅 전문가를 필요로 할지 모른다. 당신이 클라라처럼 다양성 전략에 적합한 리더가 되기를 원한다면 당신의 독특한 가치들이 여러 소셜 채널이나 네트워크로 공유되는 것도 중요하다.

오늘날의 비즈니스 세계는 점점 복잡해지고 불확실성은 커지고 있다. 그 만큼 다양한 능력으로 채워진 수많은 후보자들도 존재한다. 하지만 그러한 강박에서 벗어나 당신만의 독특한 능력을 살리고 올바로 포지셔닝하면 바로 그 안에 다양성의 가치가 있다는 것을 기억하기 바란다.

무엇이 당신의 미래 비즈니스를 보장할까요?

- 카렌 브래킷의 인터뷰에서

"무엇이 당신의 미래 비즈니스를 보장할까요?"

미디어컴MediaCom의 카렌 브래킷Karen Blackett 회장에게 이렇게 물었을 때 "다양하고 창의력이 넘치는 직원들이지요."라고 대답했다. 미디어컴은 영국에서 가장 큰 미디어 홍보기업이다. 그녀는 2017년 파이낸셜 타임즈가 선정한 50명의 여성 비즈니스 리더 중 한 사람이고, 미디어 산업에서 가장 영향력 있는 여성 리더로도 선정되었다. 그녀는 예전부터 다양성이 건강한 비즈니스를 유지하는 비결이라고 주장해 왔다. "흔히 말하는 도덕적인 이유 말고 다양성과 포용이 중요한 이유는 그것이 비즈니스의 핵심이기 때문이지요. 예를 들어 얼마 전 연구 발표에서 영국에서 발생하는 모든 소비의 83%가 여성에 의해 결정된다고 합니다. 그리고 현재 영국의 초, 중학교 학생들 4명 중 1명이 아프리카계이거나 소수인종이라는 것이 바로 미래의 시장을 말하는 것이지요."

카렌 브래킷 미디어컴 회장

(사진: Paul Stuart, 출처: Director Publications)

최근 인터뷰에서 그녀는 자신만의 비즈니스 리더십을 말한 적이 있어 몇 가지 소개한다.[39]

첫째는 실제 데이터나 정보가 모든 것을 말한다는 것이다. 즉 현재 회사의 상태를 나타내는 수치들의 의미를 정확히 알면, 리더는 목표를 설정할 수 있고 그 목표를 향해 매진하면 된다. 또한 정기적인 설문조사나 간담회 등을 통하여 모든 직원들이 회사의 정책에 대한 다양한 의견을 소통하도록 열어놓고, 여기서 제시되는 현실적인 내용들이 정책에 반영된다. 회사 내에서는 어떠한 특권도 있을 수 없다.

다음으로 잠재적인 인재를 찾아낸다는 것이다. 미디어컴의 경우, 비즈니스의 범위를 서유럽을 넘어 아프리카와 중동 시장까지 확대하려고 이에 적합한 다양한 인재를 찾는다. 특히 해당 지역에서 직접 견습Apprenticeship 프로그램을 활용하여 재치 있는 사고와 창의력의 인재를 선발한다. 미디어 산업 시장은 매우 역동적이라서 그렇지 않으면 곧 경쟁력을 잃어버리기 때문이다. 그녀가 찾는 인재는 학위를 반드시 필요로 하지 않는다. 다만 미디어 산업에 적합한 인재가 있다면 어디든 찾아가서 채용한다.

마지막으로 사실과 본질을 중요시 한다는 점이다. 2014년 딜로이트 보고서에 따르면 일반 직원들의 61%가 직장에서 자신의 정체성을 드러내지 않는다고 한다. 특히 여성은 66%가 그렇고, 아프리카계는 79%가 그렇다. 특히 LGBT에 속한 사람은 83%로, 대부분이 정체성을 숨기고 있다고 한다. 직장에서는 자신을 그대로 드러낼 수 있는 분위기와 문화가 되어있어야 편안한 마음으로 자신의 능력을 발휘할 수 있다고 그녀는 주장한다. 그녀가 이제껏 경험했던 좋은 리더들은 대부분 솔직하면서 사실을 중시했던 사람들이었다고 말했다. 그들은 때로는 용기도 보이지만 어떨 때는 상처를 그대로 보이면서 팀에 의존했다고 한다. 그것은 '마치 서로 다른 슈퍼히어로들이 모여서 함께 싸우는 어벤저스Avengers Assemble같은 팀을 이끄는 것'이라고 그녀는 이야기한다. 그래서 리더와 직원들 모두가 진심으로 서로의 다른 관점을 받아들이고 공감하는 분위기를 만드는 것, 그것이 그녀가 지향하는 다양성 조직이다.

그녀는 우리가 흔히 얘기하는 워라 벨Work-Life Balance을 좋아하지 않는다. 왜냐하면 이 개념은 일과 생활 두 가지 모두가 서로 상반된 것처럼 비춰지기 때문이다. 그녀는 "나는 생활이 일이고 일이 생활이라고 생각합니다. 다만 직원들은 이 두 가지를 어떻게 브랜딩 할 것인지를 배우면 됩니다."라고 말한다. 그래서 '오픈 브랜드Open Blend'라는 온라인 플랫폼을 도입하여 직원 개인 생활의 지표와 회사 업무의 목표를 연계하도록 했다. 오픈 브랜드는 매니저와 팀원 간에 서로 잘 알 수 있는 기회를 만들고 직원들 사이에도 더 유연한 관계를 유지하도록 한다. 그녀는 말한다. "별것 아닌 것 같지만 이런 노력의 결과는 직원들의 회사를 향한 충성심과 생산성으로 나타나지요."

마지막으로 그녀에게 현재 미디어컴 회장으로서 본인 자신은 무엇을 더 해야 할지를 물었다. 그녀는 대답한다. "현장에 직접 가서 만나고 듣고 하는 것보다 더 중요한 것은 없지요. 가능한 많은 현장 직원들과 앉아 그들의 생활을 들으면서 공감하고 진짜 문제를 발견하는 것입니다." 그렇다! 이것이 바로 소통의 리더십이고 비즈니스의 핵심이다!

왜 여성 리더는 안보이지?

- 성별 다양성 1

펩시사의 최고경영자인 인드라 누이Indra Nooyi는 여성 리더로서 세계적인 롤 모델이다. 최근에 그녀는 포춘지에서 선정한 가장 영향력 있는 여성에 두 번째로 올랐다. 그녀는 본인의 커리어에 대한 회고담을 이야기 할 때, 비즈니스 세계에서 보통 장애물로 작용하는 여성, 유색인종, 워킹맘과 같은 요소들을 한계로만 받아들이지 않았다. 오히려 여성 리더가 가질 수 있는 감성이나 세심한 면 등 비즈니스에 유익한 장점에 집중할 것을 충고한다. "내가 여성이었기에 오늘날과 같은 빠른 변화 속에서도 필요한 리더의 조건을 개발할 수 있었지요. 그것은 바로 눈과 귀를 열고Open eyes and ears, 마음을 열고Open mind 그리고 심장을 열어야Open heart한다는 것입니다."[40]

최근 한 컨설팅 회사에서 2000여개 글로벌 기업을 대상으로 여성리더가 기업성과에 어떤 영향을 미치는지를 조사했다.[41] 그 결과 재무성과 상위 20개 기업의 여성리더 비율(37%)이 하위 20개 기업의 비율(19%)보다 약 두 배정도가 많았다고 한다.

한편 매년 미국 대학의 졸업생 중 57% 정도가 여성이라 하고 대부분 취업을 한다. 화이트칼라 직장에서 일하는 사람의 반 이상이 여성이라는 것이다. 하지만 미국 기업의 C-레벨 여성 임원은 평균 20% 내외고 약 5%만이 CEO이다. 우스 갯소리처럼 들리겠지만 실제로 '존John'이라는 이름을 가진 CEO가 여성 CEO보다 많다고 한다.

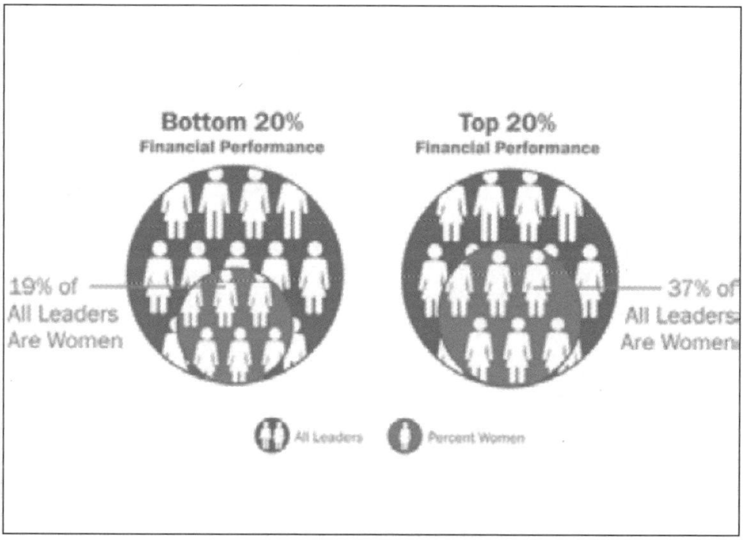

(출처: Leadership Excellence Essentials)

그러면 우리나라 기업들의 여성 리더 현황은 어떠할까? 미국 기업이나 여느 글로벌 기업과는 비교도 되지 않을 정도로 적다. 2017년에 한 여성협회 보고서에서 아태 지역 주요 20개국 상장기업의 여성 임원 비율은 평균 12.4%였다. 그런데 우리나라는 여성 임원 비율이 2.4%로 아태 지역 20개국 가운데 꼴찌다. 이 정도면 사실상 세계에서 가장 낮은 수준이다.[42]

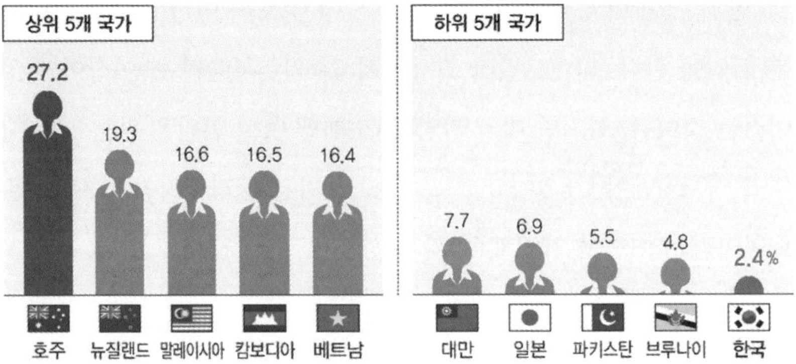

아시아태평양 대기업 이사회 여성임원 비율 (출처: 국제여성기업이사협회)

해당 협회는 "아시아 지역 여성들은 학력도 높고 비즈니스 경험이 풍부한데다 경제성장에 기여를 해왔는데도 여성 임원이 적다."고 말하면서 그 이유를 장시간 노동과 여성에게 육아의 부담을 전가시키는 문화, 여성의 능력을 낮게 보는 기업의 뿌리 깊은 성차별 때문이라고 분석했다.

우리나라의 경우도 예외는 아니다. 그나마 좀 다행인 것은 대기업을 중심으로 해마다 여성 임원이 늘어나고 있다는 점이다. 최근 한 언론사가 조사한 우리나라 30대 대기업들의 여성 임원 현황을 살펴보면 2017년까지 평균 2.7%였고, 2018년 초에는 3.3%가 되었다. KT가 8.8%로 제일 높고 미래에셋대우가 6.8%로 그 다음이었다.[43]

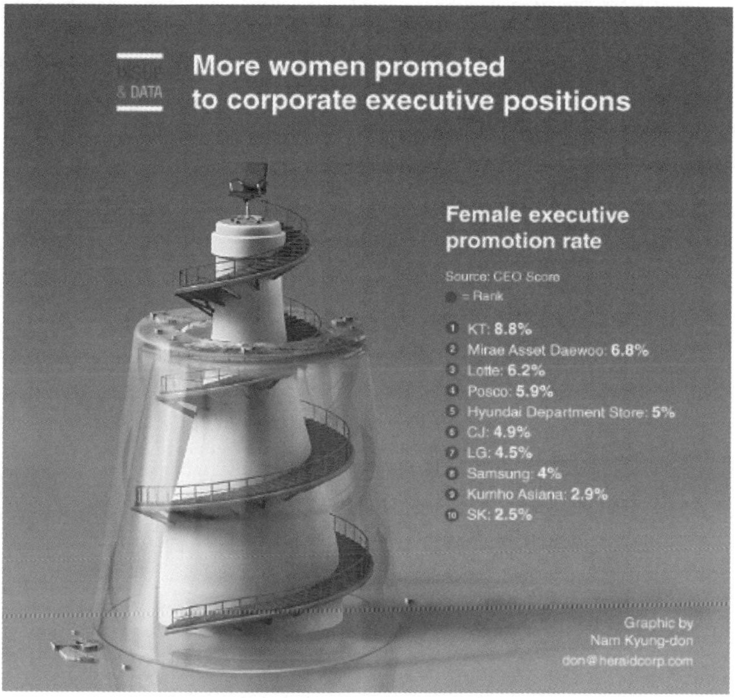

국내 주요 대기업 여성 임원 현황 (출처: Korea Herald)

어쨌든 나라마다 수치의 차이는 보이지만 이 정도면 여성이 갖고 있는 잠재적 리더십이 대부분 기업 어디선가 분명히 묻히고 있다는 것이다. 그렇다면 그 이유는 무엇일까?

먼저 우리나라와 같은 일부 동양권 기업 조직에 팽배해 있는 남성 중심의 철저한 계급문화 때문이다. 오늘날 대부분의 기업들은 제도적으로 양성평등의 기조를 따르고 있고 직원들은 입사 초기부터 그러한 분위기에서 직장 생활을 시작한다. 하지만 기업 활동이 활발해지는 관리자의 위치로 올라가면서 서서히 무너진다. 주로 상위의 남성 임원들이 중심이 되어 내려진 의사결정을 충성스런 자세로 받아들여야 하는 체계가 된다. 이러한 '남성 문화'에 익숙하지 않은 여성에게는 큰 장애물일 수밖에 없다. 결국 여성들이 자리를 잡고 세심한 리더십을 보여줄 틈이 없는 것이다.

다음으로, 여성 리더가 적은 이유를 설명하는 흔한 가설이 있다. 여성은 보통 어렵고 복잡한 비즈니스 부분을 남성보다 감당할 능력이 없기 때문에 소프트한 업무만을 선호한다는 것이다. 하지만 한 컨설팅 회사가 10년 동안 15000명의 여성 리더와 관리자를 대상으로 조사한 결과는 가설과 다르다. 그들이 가진 능력이나 감당하는 기술의 난이도는 남성들과 별 차이가 없다는 결론이다. 다만 부분적이나마 타당하게 증명된 것은 자신감Confidence의 차이다.

방송인인 클레어Claire Shipman와 키티Kitty Kay는 공동저서 '자신감 코드Confidence Code'에서 '남성은 할 수 있는 것을 생각하고 반면에 여성은 할 수 없는 것을 생각한다.'라고 말한다. 또한 컨설팅 회사인 DDI는 보고서를 통해 많은 직장 여성들은 자신이 동료 남성보다 능력이 뒤진다고 평가하는 경향이 있다고 전했다.

그러면 여성이 어떻게 자신감을 강화할 수 있을까? 여기 몇 가지 검증된 팁이 있다. 마이클 워킨스Michael Watkins는 그의 저서 '90일안에 장악하라The First 90-Days'에서 의식적으로 자신이 리더의 자리에 있는 것처럼 생각하고 말하라고 한다. 예를 들어 당신이 고위 임원과 영업 미팅을 하는 경우, 당신 자신이 마치 같은 동료 임원의 위치에 있는 것처럼 생각하고 중요한 영업 문제들을 논의해 보는 것이다. 그러면 자연스럽게 자신감 있는 말과 당당한 태도를 보여줄 수 있다.

물론 우리 기업 조직과 같이 수직적 분위기에서는 다소 거만하게 보일 수도 있지만, 필자의 경험으로도 상황이 허락하면 해볼 만한 방식이다.

또 한 가지 팁은 자신감 있는 말의 선택이다. 여성들은 대화를 할 때 '나' 보다는 '우리'라는 말을 더 자주 사용하는 경향이 있다고 한다. 또한 상황을 부드럽게 하고 공손한 태도를 보이기 위해서 '내 말이 틀릴지도 모르지만…' 이나 '내 말은 단지…' 란 말을 더 자주 사용한다고 한다. 사실상 이것은 겸손함이라기보다는 자기 의견에 자신이 없다는 뜻이고, 얘기를 꺼내기도 전에 스스로 자신감이 없다는 것을 상대방에게 보여주는 것이다. 무심코 사용하는 단어가 무의식적으로 자신감에 많은 영향을 줄 수 있다. 자신의 생각이나 의견을 가급적 일인칭의 직설화법으로, 그리고 분명한 단어를 선택하여 전달하면 자신감이 더 생길 것이다.

여전히 다양성에 관심이 없고 남성 위주의 획일적인 체계와 문화만을 선호하는 기업이 있다면, 그리고 다양성의 의지가 아직 제도나 정책적으로도 부족하다면 당장 어찌할 도리는 없다. 다만 여성이건 남성이건 누구나 일에 대한 열정과 프로 정신을 가져야 한다는 것에는 그 누구도 의문을 제기하지 않을 것이다. 여기에 자신감은 필수적이다. 여성들이 철저한 자기인식과 개발을 통하여 자신감을 갖추고, 인드라 누이가 말한 세심함과 열린 마음으로 리더십을 발휘하면 이것이 바로 여성만이 지닐 수 있는 훌륭한 리더의 조건이 아닐까?

하이테크 기업에는 여성 리더가 없다?

- 성별 다양성 2

요즈음 우리는 성 평등에 관한 얘기를 자주 듣는다. 특히 최근 우리 사회에서 불고 있는 미투Me Too운동이나 한 권의 하이퍼 리얼리즘 소설이 나라를 들썩이게 할 정도로 여성 운동이 새로운 변화의 방

(출처: Leadership Excellence Essentials)

향으로 움직이고 있다. 글로벌 기업에서 여러 영향력 있는 여성 리더들이 등장하고 우리 기업에서도 심심치 않게 여성 CEO나 고위 임원 승진 소식이 들려오곤 한다. 또한 정책적으로도 적극적 고용개선제도 등을 통해 고용상의 차별을 없애고 여성 관리자의 비율을 늘리도록 권장하고 있다.

하지만 양성 평등과 여성 리더에 대한 관심은 현실적으로 기업 전반의 문화로는 뿌리 내리지 못하는 것 같다. 특히 21세기에 크게 성장한 하이테크 기업들이 여성 리더를 보유하고 개발하는 데는 매우 소극적이다. 최근 통계에 따르면 우리나라의 과학기술분야에 여성임원 비율이 0.8%로 채1%로도 되지 않는다. 하이테크의 선도기업인 삼성전자의 2019년 임원승진 발표를 봐도 현실을 잘 알 수 있다. 전체 승진인원 185명중 승진한 여성임원은 고작 8명뿐이다. 여러 이유가 있겠지만, 중요한 것은 기술 분야 출신의 많은 남성 리더들이 아직까지 여성의 섬세한 잠재 능력을 깨닫지 못한다는 점이다. 비록 외국의 사례지만 여성 리더들이 기업의 혁신과 발전에 어떤 역할을 하는지 보여주는 몇 가지 증거가 있다.[44]

1. 여성 리더의 기업이 더 좋은 성과를 보인다.

미국의 투자정보회사인 비스포크Bespoke Investment Group의 보고서에 따르면, 통계적으로 여성 CEO기업의 성과가 남성 CEO기업보다 높은 성과를 보인다고 했다. 또한 리더십 컨설팅으로 유명한 DDI는 2014/2015년 글로벌 리더십 예측 보고서에서 2000개의 글로벌 기업을 대상으로 조사한 결과, 재무성과 상위20개 기업의 여성임원 비율이 하위 20개 기업보다 약 두 배정도 높다고 했다.

2. 여성 리더가 비즈니스 가치를 더 높인다.

전문가들은 여러 사례를 통해, 여성 리더가 주도하는 다양성과 포용의 문화는 비즈니스 가치를 한층 높이는 엔진이라고 말한다. 다양성 전문가인 바바라 애니스Barbara Annis는 최근 논평에서 '만약 여성 리더들이 회사의 요직에 적절히 포진해 있으면, 비용을 크게 절약할 수 있고 직원의 이직률을 감소하는 동시에 브랜드 가치를 크게 높일 것'이라고 말했다.

3. 성별 다양성이 혁신을 만든다.

이 명제는 이미 여러 연구들을 통해 실증된 사실이다. 특히 신속하게 고객의 니즈에 맞추어 제품과 서비스를 제공해야 하는 하이테크 기업에게 혁신은 가장 핵심이 되는 주제이다. 무엇보다도 여성이 지닌 뛰어난 관념화 프로세스Ideation process 능력이 혁신적인 솔루션을 제시한다는 연구 결과도 있다. 갤럽Gallup 보고서는 남성과 여성이 다른 관점으로 문제를 보기 때문에 성별 다양성으로 비즈니스 통찰력이나 문제해결 능력이 높아진다고 말했다.

한편 구글Google 등 21세기에 들어서 급성장한 거대 하이테크 기업들은 자체적으로 다양성 전략의 기반을 갖추고 있다고 말한다. 그래봐야 2015년 기준으로 구글은 직원의 30%가 여성이고 전체 임원 중 여성은 22% 정도다. 구글 외에 다른 하이테크 기업들은 여성 리더가 평균 18% 정도다.

그러면 하이테크 기업이 진정으로 성별 다양성을 현실화하려면 어떻게 해야 할까? 가장 중요한 것은 다양성의 리더십이다. 즉 CEO와 고위 임원들이 솔선수범하여 다양성의 변화를 수용하고 지지하는 분위기를 만들어야 한다. 필자의 칼럼 '당신을 지지하는 사람들이 줄 서있나요'에서 IBM 의 CEO 루이스 거스너가 보여준 다양성의 리더십은 - 비록 성별 다양성만이 아닌 포괄적인 다양성 전략이지만 - 전형적인 사례가 될 것이다.

성별 다양성의 또 다른 현실화 방안은 기업 내에 공식적인 여성 네트워크를 만드는 것이다. 이곳에서 여성 직원들은 관심 있는 회사 정책, 예컨대 탄력 근무제도나 휴가, 여성의 채용이나 승진 현황 등을 공유하고 논의한다. 대표적으로 제너럴 일렉트릭General Electric(이하 GE)은 내부 여성 네트워크를 통해 리더십 교육이나 여성 리더들과의 네트워킹, 경력 개발 등 많은 주제를 가지고 서로 소통한다. 최근 GE의 여성 네트워크는 글로벌 차원으로 확대되어 전 세계 43개 나라, 150개의 GE지점에서 활발히 진행되고 있다.

한편 글로벌 IT기업인 오라클의 여성 리더십 프로그램인 OWLOracle Women's Leadership도 대표적인 여성 네트워크이다. OWL은 주로 교육과 멘토링 프로그램을 제공하고 비즈니스 네트워크를 지원한다. 그리고 매년 전 세계 41개 조직에서 100여개 이상의 이벤트를 개최하여 여성이 기업의 핵심이라는 자부심을 고취시킨다고 한다.

우리는 IBM이나 GE, 오라클과 같은 하이테크 기업의 사례에서 그리고 여러 전문 보고서를 통하여, 성별 다양성이 기업에게 어떤 가치를 주는지 배웠다. 여전히 많은 하이테크 기업들이 여성 리더의 개발에 소극적인 것은 사실이지만, 명민한 리더는 조화롭게 구성된 양성 조직이 기업의 혁신과 발전에 얼마나 중요한지를 잘 안다. 다양성 전략이 의미 있는 변화를 보이도록 어려운 첫발을 디뎌야 하는 것은 결국 리더의 몫이다. 다양성은 단지 쇼가 아니라 비즈니스의 성공을 열어주기 때문이다.

남자라서 미안해하라고 하세요

최근에 인사 전문가인 사만다 세일즈Samantha Sales가 기고한 칼럼의 내용이다.[45] 어느 회사의 인사담당 여성 임원이 사만다에게 조언을 요청하면서 제기했던 사례다. 그녀는 회사의 유일한 여성 임원으로 중요한 전략회의에는 거의 참석한다. 때때로 회의에서 결정되는 비즈니스 계획이 별 효과가 없거나 실패할 것이라고 그녀는 쉽게 예상할 수 있었다. 왜냐하면 참석한 임원들의 견해가 핵심을 벗어나고 편협한 소통방식이어서, 여러 가지 다른 면을 보지 못한다고 생각했기 때문이다. 적어도 그녀가 여성 고객의 입장에서 생각해봐도 언제나 타당했다. 불행히도 그녀의 예측은 거의 들어맞았다.

그녀는 결국 CEO에게 이 문제를 제기했다. 그러자 CEO는 거의 무시하면서 농담 섞인 어조로 '그 사람들에게 가서 남자인 것에 대해 미안해하라고 하세요.'라고 했단다. 그녀는 애써 용기를 내서 직언을 했는데 이렇게 무시를 당하자 할 말을 잃었다. 그녀는 이 상황에서 어찌해야 할까? 그냥 그대로 흘러가면 똑같은 문제와 실패가 반복될 것이고 결국 회사의 사업에 큰 지장을 줄 수도 있다.

맞다! 회사의 임원으로서 그녀는 무엇인가를 해야 한다. 특히 상황이 이 정도면 이미 회사는 심각한 경고 메시지를 받은 것이나 마찬가지다. 무엇보다도 당장은 먼저 핵심이 되는 다양성 증거를 찾아내는 것이 급선무다. 그것은 아마도 고객센터에 접수되는 다양한 고객 불만의 메시지일 수도 있고 각 지역의 대리점에서 반복적으로 올라오는 불평의 소리가 될 수도 있다. 그리고 그 증거들을 기초로 CEO에게 적절하고 신중하게 보고해야 한다고 사만다는 조언한다.

그림 이연우

다음으로 이 회사의 다양성 문제를 근본적으로 되짚어봐야 한다. 단순한 수치를 들이대면서 무작정 여성 인력과 임원을 더 채용해야 한다는 등의 주장은 오히려 CEO나 다른 남성 임원들에게 역 반응을 낳게 할 수 있다. 대신 왜 여성들이 해당 산업 분야나 그 회사에 잘 지원을 하지 않는지, 왜 여성들이 그 회사에서는 고위 임원이 될 수 없는지 등의 원인을 찾아봐야 한다. 또한 분석된 고객 데이터를 활용하여 왜 성별 다양성이 비즈니스 기회가 될 수 있는지 등을 리더들과 공유하고 이해해야 한다. 한편 남성 리더들이 꺼려할 만한 불편한 조건도 사실대로 테이블에 올려놓고 소통을 해야 한다. 예컨대 육아 등의 이유로 일하는 시간이나 일에 대한 유연성을 필요로 하는 것 등이 이에 해당될 것이다.

사만다는 여러 회사들을 컨설팅 하면서 유사한 사례들을 경험했다. 그녀는 위에서 제시한 접근으로 CEO와 고위임원들을 설득했고, 점차로 그들은 그녀의 아이디어에 공감하면서 개방적인 자세로 바뀌게 되었다고 한다. 결과적으로 다양하고 훌륭한 여성 인재들을 채용할 수 있었다. 이것이 바로 다양성의 조직으로 변화해 가는 과정이다.

그녀는 종종 기업의 여러 이해관계자들과 소통하면서 다양성에 무심한 CEO 얘기를 자주 듣는다고 한다. 아마 많은 우리의 기업들도 마찬가지일 것이다. 주로 남성 고위임원들끼리만 모여 중요한 비즈니스 문제를 논의하는 전형적인 모습 말이다. 심지어 여성 고객위주의 기업에도 요직은 남성들이 차지하고 있는 것을 흔히 본다.

하지만 사만다가 얘기했듯이 단순히 여성 인력이나 임원의 숫자를 늘리는 것이 능사가 아니다. 고객들과 이해관계자들의 목소리를 주의 깊게 듣고 다양성 문제의 핵심이 어디에 있는지, 다양성이 회사의 전략적인 목표와 어떻게 연결되는지 등을 고려하여, 탑-다운의 실행 전략을 만들어야 한다. 이것은 단순히 남자라서 미안해야 하는 농담의 차원이 절대 아니다. 이것은 기업 생존에 관한 문제가 될 수도 있고, 경쟁우위를 세우는 문제가 될 수 있다. 문제가 위험한 상황으로 흐르기 전에 말이다.

페이스북이 다양성을 말한다

최근에 구글과 함께 소셜 네트워크 서비스Social Network Service(이하 SNS) 기업인 페이스북도 다양성 문제로 꽤 많은 비판을 받는 것 같다. 아무래도 글로벌 최고의 SNS 기업이어서 사회적인 주목과 함께 네티즌의 관심이 큰 것은 사실이다.

하지만 페이스북의 다양성 책임자인 맥신 윌리엄즈Maxine Williams는 페이스북이 다양성을 위해 많은 노력을 해온 것을 강조한다. 하나의 예로 다양성 관리를 위해 여러 파일럿Pilot 프로그램들을 진행했다. 파일럿 프로그램은 본 프로그램을 진행하기에 앞서 결과를 예측하는 일종의 샘플 테스트로, 그 결과를 보고 확대 실시할 건지 아닌지를 철저히 데이터를 통해 검증한다고 말한다. 예컨대 매니저들이 후보자를 인터뷰할 때, 어느 학교 출신인지 또는 어느 지역 출신인지 등 피해야 할 질문들을 철저히 가려내는 프로세스 등이 파일럿 프로그램 중 하나였다.

그녀는 페이스북이 다양성을 위해 최근에 확대 진행하는 구체적인 세 가지 프로그램도 제시했다.

첫째, 매니저를 채용할 때는 미국 미식축구에서 만들어진 '루니 룰Rooney Rule'을 적용한다. 루니 룰은 미식축구리그NFL에서 만들어진 일종의 다양성 법칙으로, 고위운영진이나 감독을 선정할 때 적어도 소수인종이 후보자 명단에 들어가야 한다는 규정을 말한다.

둘째, 매년 여름에는 자체 교육센터인 페이스북 대학Facebook University에서 소수그룹 대학생들을 위한 기술 교육을 실시한다. 졸업 성적이 일정한 기준을 넘어서면 페이스북이 직접 채용하는 프로그램이다. 2013년에 30명으로 시작하여, 2016년에는 170명으로 확대되었다.

마지막으로 다양성의 중요한 요소인 무의식 편견Unconscious Bias에 관한 교육을 전 직원을 대상으로 매년 실시한다. 다양성으로 갈등의 원인이 되는 무의식 편견을 어떻게 인지하고 다루어야 하는지를 가이드 하는 교육이다.

한편 페이스북의 리더들도 다양성을 중요하게 생각한다. 레지나 듀건Regina Dugan은 미국에서 가장 영향력 있는 비즈니스 여성 중 한 사람이자, 현재 페이스북의 신기술 총괄 부사장이다. 그녀는 최근 인터뷰에서 페이스북의 다양성을 다음과 같이 말한다. "페이스북의 혁신은 다양한 사람들의 독특한 아이디어를 모아서 만들어지는 창조적인 프로세스이지요."[46] 그녀는 전에 미 국방부 연구 기관의 임원이었을 때부터 혁신 기술 개발에 다양성이 얼마나 중요한지를 경험을 통해 인지하고 있었다.

또 그녀는 다양성에 관하여 이렇게 말했다.

"과학자나 예술가, 엔지니어가 하는 일은 별 차이가 없지요. 단지 어떤 도구를 사용하는지가 다른 것입니다. 그들은 모두 이전에 없었던 혁신 작품을 만들려고 노력하는 사람들이지요. 그 일은 매우 신나면서도 한편으로는 고통의 작업입니다. 다양성은 우리가 원하는 혁신에 핵심이 되지요. 우리 엔지니어 들이 어떤 도전에 직면했을 때, 저는 연구실에서 여러 목소리를 듣게 되지요. 그게 얼마나 기쁜 일인지 아마 모르실 겁니다."

그녀는 인터뷰에서 특별히 혁신 기술과 인지 다양성Cognitive Diversity의 중요성을 강조하면서 다음과 같이 말했다.

"저희 연구실에 와보시면 아시겠지만 오스카상을 받은 감독들이 소프트웨어 엔지니어와 함께 작업을 하고, 물리학자들이 의류 제조

레지나 듀건 (사진: Melissa Golden, 출처: FastCompany.com)

업자들과 같이 일하는 광경들을 보실꺼예요. 이것이 바로 인지 다양성입니다. 서로의 다양한 정체성Identity과 경험들을 이해하고 활용하고자 하는 것이지요. 그것은 단순히 여성의 비율을 늘리거나 일부 소수그룹의 인력을 늘리는 것을 넘어서, 가능한 넓은 스펙트럼의 목소리들을 들으면서 문제 해결의 실마리를 찾아가는 것을 의미합니다."

마지막으로 그녀는 다양성의 리더십을 언급하면서 인터뷰를 마쳤다.

"만약 리더인 당신이 팀의 다양성을 잘 인지하고 팀원 각각이 지닌 여러 가지 다른 사고나 아이디어에 큰 관심을 둔다면, 당신의 팀은 혁신의 자질을 갖춘 셈이지요. 반면에 모두 비슷한 성향이나 같은 생각들을 가지고 있다면 즉시 그것을 문제로 인식해야 합니다."

새삼 우리 전통기업의 전형적인 리더들이 생각난다. 자신과 다른 생각은 무조건 문제로 여기고 배척하는 리더들, 같은 생각과 유사한 성향을 좋은 팀워크라고 보는 일부 리더들 말이다. 레지나 듀건이 말하는 혁신을 위한 다양성과는 180도 상반된 방향이다.

핀터레스트, 다양성 교훈을 얻다

현재 가장 빠르게 성장하는 SNS중 하나를 꼽자면 바로 핀터레스트Pinterest를 들 수 있다. 핀터레스트는 개인에 따라 관심사가 다르다는 것에 착안하여 관심 정보를 서로 공유하는 네트워크로, 예컨대 옷 잘 입는 법이나 요리, 여행, 디자인 등 사용자가 원하는 범주에 따라 관련된 정보를 한눈에 볼 수 있다. 핀터레스트는 비록 후발주자이지만 2017년 기준으로 전 세계 사용자가 1억7천5백만 명에 이를 정도로 크게 성장했다.

전 세계의 불특정 온라인 사용자를 대상으로 서비스하는 SNS 비

(출처: Harvard Business Review)

즈니스는 일반적으로 주로 가입자 수와 사용의 빈도수에 따라 성과를 결정한다. 그리고 온라인 사용자는 누구나 나이, 색깔, 종교, 지리적 위치 등에 관계없이 실시간으로 교류하기 때문에, SNS에서 다양성은 매우 중요한 비즈니스 사안이다. 즉 다양한 고객들이 SNS 공간에서 얼마나 활발한 소통을 하며 서비스를 발전시키느냐에 따라 비즈니스의 성패가 달려있기 때문이다.

2016년 초에 핀터레스트는 최초의 최고 다양성 책임자로 캔디스 모간Candice Morgan을 영입했다. 그녀는 다양성 전문가로서, 많은 기업들을 컨설팅한 경험을 기반으로 핀터레스트의 다양성 전략을 이끌었다. 그녀는 여성이나 여러 소수그룹의 인력 다양성에 중점을

캔디스 모간 (출처: wisdom2conference.com)

두면서 핀터레스트의 지속적인 성장에 중요한 모멘텀을 만들었다.

그녀는 최근 하버드 비즈니스 리뷰에 기고한 칼럼에서, 핀터레스트와 같은 첨단 정보 서비스 기업이 다양성 전략을 실행할 때 무엇을 중요하게 고려해야 하는지를 제시했다.[47]

첫째로 다양성은 단순한 목표가 아닌 그 중요성을 먼저 인식해야 한다는 것이다. 다양성이 핀터레스트의 비즈니스에 어떻게 영향을 주는지, 구체적으로 사이버 공간에서 발생하는 다양성의 문제는 무엇이고, 어떻게 인지하고 대응할 것인지를 전 직원이 여러 모범 사례를 통해 이해하도록 했다. 또한 다양성이 결여되었을 때는 무의식적 편견이 왜 발생하고 어떤 잘못된 의사 결정으로 유도하는지 등의 실질적인 사례들도 미리 숙지하도록 했다.

효과는 놀라웠다. 고객 서비스의 질이 눈에 띄게 향상되고, 직원들의 책임감이나 위험을 감수하고 도전하는 능력이 높아졌다. 매니저들도 권한 위임을 선택하는 범위 등이 예전보다 크게 개선되는 등 많은 긍정적 결과가 나타났다. 그리고 그것이 곧 비즈니스 성과로 이어짐은 물론이다.

둘째로 다양성은 편한 것만 아니라 불편한 것도 끌어안아야 하는 것이다. 어느 조직이든 다양성 전략이나 규정에 불만을 갖거나 그 효과를 의심하는 사람들이 있게 마련이다. 그럴 때 기업은 반대의 목소리에도 귀를 기울이고 진심으로 다가서야 한다.

예컨대 핀터레스트가 혁신을 위한 다양성 정책으로 새로운 소프트웨어 엔지니어를 전산 경력이 아닌 다른 분야의 사람을 채용하려고 했지만 내부 반대의 목소리가 컸던 모양이다. 그래서 타협안으로 먼저 인턴 프로그램을 도입하여 효과를 먼저 측정해보기로 결정했다. 결국 이 다양성 정책으로 이제껏 보지 못했던 혁신적인 새로운 인재들을 발굴할 수 있었다.

셋째로 다양성은 느린 것이 아니라 더 효율적인 것이다. 고속으로 성장하는 핀터레스트는 항상 젊고 신선한 아이디어, 그리고 빠른 대응과 결과를 추구해 왔다. 그래서 내부에서는 다양성 정책이 자칫 비즈니스의 발목을 잡는다는 우려의 소리도 있었다. 예컨대 신규 채용이 너무 신중하여 더디 진행된다거나, 임원을 채용할 때 루니 룰을 적용하여 반드시 한명 이상의 여성과 소수그룹의 후보자를 올리도록 규정하는 등이 해당한다. 그러나 다양한 렌즈를 통하면 얼마나 후보자를 면밀하고 사려 깊게 볼 수 있는지, 직원들은 채용 이후에 그 결과를 보고 깨닫게 된다.

마지막으로 다양성은 시행착오의 여정이다. 아무리 좋은 아이디어라도 예상 밖의 결과가 나올 수 있다. 예컨대 채용에서 차별을 방지한다는 목적으로 이력서에 이름을 없애는 방안을 도입했다. 그런데 막상 평가자는 다른 암시나 편법을 사용하면서 일관성 없는 의사 결정을 하는 등 부정적인 결과가 나타나 부득이 그 제도를 수정하는 경우도 있었다. 중요한 것은 다양성이 목표가 아니라 과정이라는 점을 필자도 여러 번 주장했다. 즉 목표와 다른 결과가 나오거나 예측될 때, 유연성 있게 목표를 수정해야하고 때로는 전략 자체를 과감히 바꾸는 결단도 필요하다.

오늘날 많은 온라인 기업들이 전 세계인을 상대로 SNS나 멀티미디어 서비스, 전자상거래 등 다양한 비즈니스를 진행한다. 사이버 공간에서 다양한 고객들이 인구통계학적 속성에 따라 어떤 행동 패턴을 보이고, 어떤 유형의 의사결정을 하는지 등의 분석 정보는 온라인 마케팅에서는 매우 중요한 내용이다. 그리고 그것이 바로 다양성의 개념이다. 최대한 넓은 스펙트럼의 고객층을 이해하고 개인화에 가까운 최적의 서비스를 제공해야 성공적인 비즈니스로 갈 수 있기 때문이다.

글로벌 SNS의 최고 플레이어답게 핀터레스트는 비록 짧은 기간이지만, 능력 있는 다양성 전문가를 영입하여 놀라운 성과를 올렸다. 그녀가 다양성 전략을 실행하면서 얻은 귀하고 소중한 통찰은 높이 평가되어야 한다. 왜냐하면 그러한 통찰이 바로, 다양성의 가치가 비즈니스 가치로 전환되게 하는 동력이기 때문이다.

공존하는 4세대를 어찌해야 하나?

요즘 회사 생활을 하다보면 참으로 여러 세대가 공존하고 있다는 것을 실감한다. 예전에 우리의 전통적인 회사들은 연공서열에 따른 직급체계였기 때문에, 나이 많은 상사가 부하직원들을 코칭하고 지시하는 것은 자연스러운 모습이었다. 적어도 20세기 후반까지만 해도 대부분 회사 조직에는 2개의 주류 세대 정도만 공존하고 있어, 그들은 어느 정도 서로의 입장을 고려하면서 후배의 충성과 상사의 배려로 그럭저럭 관계를 유지해왔다.

하지만 오늘날의 상황은 많이 다르다. 전통세대로부터 밀레니얼 세대에 이르기까지 적어도 4세대가 공존하면서 상황은 전혀 다른 이야기가 된다. 게다가 비즈니스의 속도와 복잡성이 전례 없이 커지면서, 전처럼 사일로 형태의 단순한 업무가 아닌 복잡한 과제와 수많은 도전들이 주어진다. 즉 모든 세대의 직원들이 머리를 맞대고 협력해 나가야만 이러한 첨단 업무 수행이 가능한 것이다. 하지만 공존하는 4세대의 직원들이 그저 서로를 단순한 이해관계로 생각하고 조화를 잘 유지할 것이라고 단정하기는 어렵다. 세대 간 차이에 의한 갈등의 요소들이 너무 많기 때문이다.

그래서 세대 간 문제를 얼마나 잘 극복하고 효율적인 조직을 만드느냐가 기업의 중요한 경쟁력이 되었다. 우리의 현실과는 약간 다른 미국의 사례지만 인사 전문가인 수잔 밀리건Susan Milligan은 각 세대의 특징과 세대 간 이슈들 그리고 기업이 할 수 있는 몇 가지 해결책을 제시한 글이 있어 공유하고자 한다.[48]

미국 경영 컨설팅 회사인 CBIZ Human Capital Service에 따르면 오늘날 기업에는 4개의 세대가 공존한다고 한다. 먼저 전통세대Traditionalists(1922~45 출생)와 베이비부머 세대Baby Boomers(1946~64 출생), X세대Generation X(1965~80 출생), 그리고 밀레니얼 세대Millennials(1981~2000 출생)이다.

각 세대는 학습이나 자기 개발 그리고 협력하는 방식이 매우 다르다. 그리고 자라온 환경과 배경에 따라 그들만의 인생철학이 있고 독특한 업무 방식이 있다.

세계대전과 대공황을 경험한 전통세대는 처음에 선택한 직장에서 충성하는 길만이 금전적인 보상과 직업적인 성공이라고 믿는다. 그래서 그들은 오랫동안 집중할 수 있는 장기 프로젝트 같은 업무를 선호한다. 한편 베이비부머는 회사 자체 보다는 팀 단위의 충성도가 높다. 그들은 특정 분야에서 전문성을 갖추고 최고가 되기를 갈망한다. 그래서 그들 중에는 일 중독자가 많은 편이다. X세대는 산업화로 인하여 일하는 부모님과 살면서 스스로 생활을 해결해야 하는 자립의 필연성을 경험한 세대다. 그 결과로 이전 세대보다도 개인주의적인 성향이 매우 높다. 그러다보니 이들은 직장에서 대개 권위나 누구의 강요에 의한 업무를 싫어한다.

밀레니얼 세대는 어떨까? 우선 부모의 생각이 다르다. 즉 기존 세대의 부모들은 보통 '우리의 아이가 내 인생에서 제일 중요해' 라고 말한다. 하지만 밀레니얼의 부모는 '우리의 아이가 내 인생의 전부야Only thing'로 생각하여 모든 것을 바친다. 부모의 적극적인 지원을 받으면서 자란 밀레니얼 세대들은 일도 하나의 놀이처럼Edu-tainment 생각한다. 또한 일에는 배움과 돈이 공존해야 한다고 믿는다. 때로는 일주일에 60시간 이상을 열심히 일하기도 하지만 스케줄은 자신이 관리한다. 이들은 스마트 기기와 같은 최신 디지털 기술에 능하면

(출처: HR Magazine)

서 적응도 빠르다. 필요한 것은 온라인으로 그때그때 바로 배우는 것을 선호한다. 그러니 이전 세대들의 교육방식, 즉 미리 시간표를 짜서 교실에 모아놓고 준비된 강사의 주입식 강의를 듣는 것에 몸서리친다. 밀레니얼 세대 중에는 한 직장에서 일 년 정도 일하고 나면 싫증이 나서 곧바로 커리어 호핑Career hopping, 즉 여러 다른 직장을 찾아 옮겨 다니는 것을 아무렇지 않게 실행한다. 돈이나 환경보다는 자신이 원하는 목적 중심의 삶을 찾아서 말이다.

이렇듯 다른 세대들의 다른 생각들이 공존하면서 조직은 많은 갈등을 낳는다. 공동체 의식과 개인주의가 충돌하고 업무를 바라보는 관점부터 임하는 태도, 방식의 차이에서도 갈등을 겪을 수밖에 없다. 예컨대 전통 세대나 베이비부머 세대에게 커리어 호핑은 거의 죄악수준이다.

그러면 조직 안에 공존하는 세대들의 다양성 문제를 어찌해야 하나? 어떻게 세대 간 갈등을 해소하고 서로 협력하게 할까? 은퇴를 앞둔 선배 세대들의 귀중한 지식들을 어떻게 효율적으로 전수받아야 할까? 수잔은 그녀의 컨설팅 경험을 기반으로 몇 가지 좋은 팁을 제안한다.

첫째로 멘토링과 역멘토링Reverse mentoring이다. 세대 간에 짝을 이루어 서로 멘토링이 되는 것이다. 예컨대 2-30대의 직원은 5-60대의 짝에게 소셜 미디어나 중요한 디지털 기술을 가르쳐주고, 경험 많은 세대들은 그들이 가진 경험과 업무의 통찰력에 이르는 과정, 고객 관리의 노하우 등을 전수하는 것이다.

둘째로 점진적 은퇴Phased retirement 제도이다. 예컨대 은퇴하기 2년 전부터 은퇴 프로세스를 가지는 것이다. 즉 본인의 일을 줄이고 대신에 젊은 직원들에게 기술이나 지식을 전수하는 업무 등이 해당한다. 이것이야말로 기업과 직원, 모두에게 유익한 윈-윈 솔루션이다.

셋째로 커리어 경로Career pathing 제도이다. 회사는 미리 직원들에게 다양한 커리어 경로를 알려주고 스스로 선택하여 미래를 준비하도록 하는 것이다. 또한 해당 커리어 경로에 적합한 멘토를 추천하여 경쟁력을 갖추도록 지원할 수 있다.

이 밖에도 직무 순환Job rotation이나 직무 쉐도우Job Shadowing, 연합 프로젝트 등 여러 프로그램을 통해서 세대의 갈등을 해소하고 효율을 기하는 전략을 만들 수 있다.

여러 세대가 공존하는 현실은 우리의 기업들도 마찬가지다. 다만 미국과 비교하면 역사와 문화의 차이로 인한 세대 간의 특성이 조금씩 다를 뿐이다. 예컨대 베이비부머의 세대들은 젊은 시절에 독재와 민주화를 동시에 겪은 '민주화 세대'이면서 일부 전통세대의 특성도 같이 지니고 있다.

어쨌든 우리의 상황을 살펴보면, 기업 안에 잔재해있는 엄격한 계급문화가 때로는 세대 간의 일시적 갈등을 줄여주는 역할도 하지만, 젊은 세대들의 중요한 다양성을 무시하는 비효율을 낳기도 한다. 그러니 멘토링과 역멘토링 같은 제도가 효과적으로 발휘하기 위해서는 세대 간 열린 마음과 여유가 전제되어야 한다. 또한 연공서열에 의한 전통적인 승진정책도 서서히 바뀌고는 있지만 여전히 경력 개발에 방해물로 작용한다.

그래서 리더들이 먼저 소통을 통하여 세대의 특성을 잘 인지하고 조화로운 분위기를 만드는데 노력해야 한다. 그리고 기업은 공존하는 세대 간의 문제를 면밀히 파악하고, 여러 선진 사례들을 벤치마킹하여 우리 멀티세대의 실정에 맞는 제도를 찾아야 할 것이다. 그리하여 각 세대의 다양성이 오히려 학습 효과를 극대화하면서 기업의 경쟁력이 되도록 노력해야 한다.

젊은 상사와 잘 지내시나요?

오늘날 기업 조직의 가장 큰 특징 중 하나는 여러 세대가 공존하고 세대 간 갈등이 중요한 이슈로 부각되고 있다는 점이라고 필자는 앞에서 언급했다. 특히 상사와 부하의 관계에서는 더 민감할 수밖에 없다. 한편 많은 기업들이 연공서열을 탈피하고 능력위주의 인사정책을 펼치면서 젊은 리더들이 계속 등장하고 있다. 이것은 세대 간 갈등의 또 다른 양상을 보여주고 있다.

최근 미국의 어느 연구 기관 보고서에 따르면, 대부분 직장인들은 나이 많은 직원을 부하 사원으로 두거나 나이 적은 보스와 일하는 것이 비교적 편안하다고 했다.[49] 직장인 1000명을 설문 조사했는데 10명중 8명은 나이 어린 보스와 일하는 것에 문제가 없고, 10명중 9

(출처: Talent Development)

명의 보스는 나이 많은 부하 직원과 일하는 것도 괜찮다고 했다.

그런데 정말 그럴까? 독자들은 이 사실에 동의하는가? 설령 미국과 우리의 기업 문화가 어느 정도 차이가 있다고 하더라도 이 결과는 좀 납득이 되지 않는다. 그래서 이유를 살펴보았다. 아니나 다를까 나이 어린 보스와 일하는 것이 문제가 없다고 응답한 사람 대부분의 업무가 비교적 단순한 일이거나 퇴직을 앞둔 55세 이상의 직원들이었다고 한다.

그래서 다른 연구 조사를 살펴보니 이번에는 반대의 결과가 나왔다. 약 22%의 직원들은 젊은 상사의 리더십 스타일 때문에 큰 고충을 겪고 있고, 약 25%의 직원들은 젊은 상사가 생각하는 업무의 가치나 기대치가 자신과 다른 것이 가장 큰 도전이라고 말했다. 또한 의사소통이나 동기부여 방식이 다른 것도 큰 갈등의 요인이 되고 있었다.

이러한 갈등은 유럽에서도 비슷한 것 같다. 예컨대 많은 독일 기업들은 인구절벽 문제로 젊은 직원을 빨리 승진시키는 정책을 펼친다. 그러다보니 젊은 상사의 지시를 받는 경우가 점점 많아진다. 독일의 기업 문화가 원래 연공서열을 중시하지는 않지만 상사가 지나치게 어리면 부정적인 효과가 나타난다고 한다. 독일 기업을 연구한 어느 보고서에 따르면, 젊은 상사와 직원 간에 나이차이가 2년씩 날 때마다 기업의 성과가 약 5% 감소한다는 흥미로운 결과도 있다. 더 재밌는 점은 상사의 절대 연령은 중요하지 않고 단지 부하 직원과의 나이 차이만이 영향을 주었다고 한다.

장유유서長幼有序의 전통이 있는 우리나라로서는 그 어느 나라보다 심하다고 하면 과장일까? 공기업들은 여전히 대부분 연공서열을 기반으로 직위가 결정된다. 일반기업의 경우는 점차 능력 중심으로 전환하면서 젊은 매니저들이 요직으로 승진되는 경우가 꽤 있다. 하지만 인사의 근본 프레임에서 연공서열은 아직 무시할 수 없다고 인사 담당자들은 말한다. 왜냐하면 연공서열이 역전되면 그 만큼 잠재적인 부작용이 많기 때문이란다. 이와 관련하여 국내 기업들의 구체적인 통계나 연구는 찾지 못했다. 하지만 어느 인사 컨설턴트의 칼럼에서 이 상황을 잘 설명해 주는 실제 사례가 있어 소개한다.

어느 능력 있는 팀장이 45세에 임원으로 승진하면서 팀장 자리가 공석이 되었다. 그런데 팀장 밑에 있는 과장의 나이가 42세여서 43~44세의 팀장을 찾고 있더라는 것이다. 과장 보다는 연차가 높아야 하며 학번도 빨라야 한다는 것이다. 정작 팀장으로서 적절한 후보인지를 검증하는 것은 나중 문제라면서.

또 다른 예가 있다. 대기업에서 잘 나가는 어떤 사람이 이직을 한다고 하여 그 이유를 알아보았다. 그는 회사 내에서 유일하게 매년 연속으로 S등급을 받았을 정도로 업무 능력을 인정받았다. 그러다 보니 직급이 남들보다 앞서게 되고 본인보다 직급이 낮은 선배들이 생기게 되었다. 그런 선배들이나 동기들은 그와 함께 일하는 것을 부담스럽게 여기기 시작했다. 결국 최연소 부장이지만 진작 달았어야 할 팀장 보직을 아직 받지 못했던 것이다. 어쩔 수 없이 그는 자신의 꿈을 찾아 이직을 선택했다.

한 가지 재미있는 점은 우리나라 직장인 중 연공서열에 관해서는 남성보다 여성이 훨씬 관대하다고 한다. 예컨대 이직 후보자에게 젊은 팀장의 나이를 말해주면서 스카웃 제안을 하면 남성은 일반적으로 피하고 반면에 여성은 훨씬 쿨한 반응을 보인다고 한다. 여성들은 '차라리 더 편하게 일할 수 있지 않겠느냐'라는 반응이란다. 반면에 남성들은 군대를 다녀와 계급 문화에 익숙할 것이라 생각했는데 현실은 의외로 그 반대다.

결국 젊은 상사의 문제는 나라마다 정도의 차이는 있지만 전반적으로 세대 다양성의 문제라고 볼 수 있다. 그러면 이 문제를 어떻게 다루어야 할까? 관련하여 포브스지는 최근 발표한 '밀레니얼 매니저들Millennial Managers: 성공 경영을 위한 가이드A Guide for Successful Management'라는 글에서 간단하지만 의미 있는 제안을 했다.

젊은 리더는 세대가 다른 직원을 상대할 때 보유한 능력과 나이차에 의한 다른 점을 정확히 구별할 줄 알아야한다는 것이다. 즉 세대로 인한 문화의 차이를 극복하지 못하고, 다양성으로 구분하지 못하면 경험이 풍부한 직원들의 잠재적 능력을 활용할 수 없게 된다. 기업 역시 젊은 리더가 세대 간 협력을 잘 리드하도록 도와야 한다고 말한다.

미국 경영자 협회American Management Association는 '젊은 보스와 나이 많은 직원Younger Boss/Older Worker'이라는 제목의 기고문에서 세대차를 잘 다루는 조직이 되기 위하여 몇 가지 실천 원칙을 제시했다.

첫째, 의도적으로 다양한 세대로 구성된 조직을 만들어 보라.

둘째, 세대 간 차이와 강점을 인식하고 이해하는 분위기를 조성하라.

셋째, 다른 세대와 효과적으로 소통하는 교육 프로그램을 제공하라.

이제 어느 기업이든 젊은 상사의 문제는 불가피한 문제일 것이다. 기업에서 연공서열에 의한 조직구조는 오늘날과 같은 다양성의 시대에는 오히려 경쟁력을 쇠퇴하는 길임을 이제 잘 안다. 특히 계급을 중시해 온 우리기업 문화에서 연공서열을 없애는 것은 결코 쉽지 않지만 극복해야 할 일이다. 기업은 여러 선진 가이드라인들을 잘 참조하면서 직원이나 리더가 세대 다양성을 잘 이해하고 수용하도록 지원해야 한다. 그러면 새로운 젊은 세대가 안정감 있게 리더의 역할을 수행할 것이고, 직원들은 젊은 리더를 잘 이해하고 협력하는 분위기로 만들어 갈 것이다.

세대차가 아니라 다양성이야

이제 50줄에 접어든 필자에게도 20대 초반의 신입사원 시절이 있었다. 외국에서 공부한 탓에 모 대기업에 정식 공채로 입사한 것이 아니라, 현지 채용으로 귀국 즉시 부서를 배정받아 일을 시작했던, 당시에는 드문 케이스였다. 당시 부서에는 그 흔한 동기도 없이 혼자였고, 행정 담당 여사원을 제외하고는 적게는 2년 많게는 20년 이상을 앞선 선배들뿐이었다.

속된 말로 외국물 먹고 귀국한지 얼마 안된 터라 높은 분이 주재하는 회의석상에서도 거침없이 의견을 쏟아내고, 잘못되었다고 판단되는 선배들의 의견에 나름의 논리를 가지고 무서운 반론을 가했다. 그리고 그러한 공격적인 행동들에 의해 어떤 선배는 상처를 받고 벙어리 냉가슴 앓듯이 힘들어 했다는 사실도 나중에 알게 되었다. 엔지니어였던 선배들의 성정은 대부분 온화했지만 표현하는 데에는 좀 서툰 경향이 있었던 것 같다. 하지만 당시에는 그저 그렇게 하는 것이 회사를 위하는 길이고 본인의 미래를 위하는 길이라 생각했다.

이것이 1990년대 초, 집단공동체를 중시하던 이전 세대에게 일침을 가하면서도, 한편으로는 이기적이라고 냉소를 받았던 바로 X

세대의 전형적인 사회 입문 과정이었다. 돌이켜보면 당시는 정치적으로 오랜 독재에서 벗어나 문민정부가 처음으로 들어섰고, 자유주의 사상이 젊은 세대들을 지배하고 있었던 터라 선배들은 이전 어떤 세대보다도 당시의 신세대를 두려워했던 것 같다.

이제 시간이 흘러 밀레니엄을 넘어선지도 거의 20년이 되었고

그림 이연우

그 사이에 밀레니얼 세대로 대표되는 Y세대(1980-1990초반 태생), Z세대(1990중반 이후 태생)등 또 다른 신세대들이 등장했다. 그래서 오늘날의 기업 조직에는 과거 어떤 시기에도 보지 못했던 여러 세대, 즉 베이비붐 세대에서 밀레니얼 세대에 이르는 멀티 세대가 혼재해 있다.

여기에서 한 가지 질문이 생긴다. 그러면 기업이 세대마다 다른 특징이 있기 때문에 각 세대를 위한 별도의 인력 관리나 제도가 필요할까? 오랫동안 인사관리 분야의 전문가로, 특히 세대와 나이에 관한 특성을 연구했던 캐더린 미첼Kathryn Mitchell은 단호하게 아니라고 대답했다.

여러 학자들이나 전문가들은 연구 결과를 내놓으면서 밀레니얼 세대는 그들만의 독특하고 다른 특성이 있다고 주장한다. 밀레니얼 세대는 이전 세대와는 달리 직장을 선택할 때 돈보다는 기회를 더 중시하고, 기업가 정신을 최고로 삼으며, 다양성과 평등에 가치를 더 크게 둔다고 말한다. 하지만 캐더린은 최근 보고서[50]를 통해 그것은 세대 간의 문제가 아니라 상황의 문제라고 말했다. 그녀는 여러 사례를 제시하면서 단지 경제, 사회적인 상황에 따른 선택들이 다른 특징으로 보이게 할 뿐, 이전의 세대에서도 같거나 유사한 속성들이 있었다고 주장했다.

예컨대 2014년 미국의 한 대학에서 Z세대를 대상으로 기업가 정신에 대한 설문조사를 했는데, 63%가 기업가 정신이 배워야 할 최고의 덕목으로 삼았다. 그런데 2013년 유사한 조사 결과에서도 X세대의 41%, 베이비붐 세대의 45%가 어메리칸 드림을 꿈꾸면서 기업가 정신은 키웠다고 응답했다. 어느 세대든 비즈니스에 임하는 자세나 정신은 비슷한 것이다.

한편 같은 밀레니얼 세대에서도 돈과 기회 중 무엇을 중시하느냐에 대한 답변이 차이가 난다. 한 컨설팅 회사의 2014년에 조사에서, Y세대의 42%가 돈이 중요하다고 응답한 반면 Z세대는 34%가 기회를 중시하고 돈을 선택한 것은 28%였다. 확인 결과, Y세대가 돈이 더 중요한 이유는 그 세대의 당시 상황이 그렇게 만들었기 때문이다. 집을 장만해야 하거나 결혼하여 가족을 책임져야 하는 시기가 도래했기 때문에 어쩔 수 없이 돈을 선택한 것이다.

또 다른 예로 미국의 어느 대학에서 Z세대의 특징들을 언급하면서, 그들 대부분이 양성 평등이나 소수 인종과 동성애의 권리 등의 다양성을 더 중시한다고 발표했다. 하지만 미국에서 평등과 다양성의 문제는 노예해방 이후 150년 이상, 1964년 적극적 조치 이후 50년 이상을 성숙하게 유지해온 전 세대적 문제였다. 정말로 맞는 말이다! 그렇기 때문에 미국에서 오늘날 오프라 윈프리와 같은 미디어의 아이콘이 탄생하고, 아프리카계 대통령을 맞게 되며 동성애 결혼이 합법화되는 등의 엄청난 진보가 있었던 것이다.

다시 본연의 질문으로 되돌아가보자. 분명히 각 세대마다 보이는 두드러진 특징들이 있다. 그리고 기업은 그것을 다양성의 관점에서 이해하고 수용해야 할 필요도 있다. 하지만 미래의 또 다른 세대를 포함하여 우리는 세대마다 다르게 관리해야 한다는 강박에서도 벗어나야 한다. 그보다도 먼저 모든 세대들이 공통적으로 원하는 것, 즉 회사에 대한 신뢰를 바탕으로 더 많은 기회를 찾도록, 나아가 그들 모두가 혁신적인 세상을 만들도록 서로 도우면서 발전시켜야 한다. 기업 안에 누가 어느 세대에 속해있든, 사람이라는 공통분모 안에서 다양한 모든 속성들이 조화롭게 어우러지는 모습들을 보고 싶다.

소문난 포용의 리더는 어떤 사람인가?

한비자의 '팔경'에서 군주는 상급, 중급, 하급으로 나눈다고 한다. 하급의 군주는 자기의 능력을 다하고, 중급의 군주는 다른 사람의 힘을 다하게 하고, 상급의 군주는 다른 사람의 지혜를 다하게 한다고 했다. 리더가 자신의 재능을 밝히는 데만 힘을 쓰면 아래에서는 잔꾀를 부리거나 속임수를 쓰게 되어 결국 조직의 균형을 잃게 된다는 말이다.

마키아벨리는 '군주론'에서 '어떤 군주의 능력을 측정하려면 먼저 그 군주의 측근을 보면 된다. 측근이 유능하고 성실하면 그 군주는 총명한 사람임에 틀림없다. 왜냐하면 그 군주는 측근의 실력을 알아내는 능력이 있고 그들이 충성을 다하도록 유도하기 때문이다. 그러나 그 측근이 무능하면 군주도 무능한 것이다. 왜냐하면 인선에서 벌써 과오를 범했기 때문이다.'라고 말한다.

인사 전문가인 리즈 와이즈먼Liz Wiseman은 다양성을 활용하는 전형적인 리더를 '멀티플라이어'라고 말했다.[51] 그는 주위사람들을 더 똑똑하게 만드는 사람으로, 개인의 역량을 최대로 끌어내 활용하고 조직원에게 영감을 주어 기대 이상의 결과에까지 도달하게 하는 사람이다. 이와 반대되는 리더인 '디미니셔'는 자신의 지성에 매료되어, 다른 사람의 지성을 억누르고 조직에 필요한 지성과 역량을 고갈시키는 사람이라고 했다.

예전에 상급의 군주나 오늘날 멀티플라이어의 리더나 모두 다양성을 잘 아는 훌륭한 리더상이다. 또한 포용의 리더임을 쉽게 알 수 있다. 다양성은 포용과 밀접한 관계가 있다. 기업 경영의 관점에서 다양성은 '조직 구성원 각자의 차이를 가치화하는 것'으로 정의한다. 그리고 포용은 이러한 다양한 인력들이 효과적으로 소통을 하고 관계를 맺도록 지원하는 실천양식이다.[52]

그래서 포용의 리더는 대부분의 직원들이 믿고 따르는 리더상이다. 말이 쉽지 사람들에게 전적으로 믿음을 받는 리더는 흔치 않다. 기업의 오랜 관행이나 복잡한 규정을 따르면서, 현실적으로 겪는 여러 도전과 갈등을 피할 수 없기 때문이다. 그러면 포용의 리더들은 이런 도전과 갈등에 어떻게 대처할까?

(출처: Harvard Business Review)

미국의 한 저명한 경영연구소는 포용의 리더이면서 동시에 혁신의 리더로 소문난 소위 '슈퍼보스Superboss' 200명을 인터뷰하고, 이들이 공통적으로 가진 리더십 조건들을 소개했다.[53]

첫째, 이력이 아닌 재능을 발견한다. 보통의 리더는 대부분 후보자의 이력서에 의존하여 지난 경력들을 평가하고 채용한다. 반면에 포용의 리더는 평가하는 나름의 공식이 있다. 특히 후보자가 갖고 있는 고유한 능력들을 발견하는데 타고난 직관력과 방법론이 있다. 여기서 고유한 능력은 비범한 지적 능력이나 창의력, 유연성 등이 해당한다. 때로는 예외의 방식이라 할지라도 후보자가 뭔가 비범한 면을 갖고 있으면 과감하게 채용한다. 이렇듯 포용의 리더는 사람을 볼 때 보통의 리더가 보지 못하는 핵심이 있다.

둘째, 핵심 비전만 제시하고 나머지는 맡긴다. 일반적인 리더들도 혁신을 말하고 다양성의 중요성을 강조하기도 한다. 하지만 실상은 직원들에게 회사의 수많은 획일적인 규정이나 가이드라인도 예외 없이 따르라고 요구한다. 반면에 포용의 리더는 직원 누구나 자기의 생각을 자유로이 얘기하고 주장할 수 있는 공간을 마련한다. 회사의 룰은 가급적 간결하면서도 파워 있게 설정한다. 그래서 조직에 반드시 필요한 핵심 비전만을 정해주고 실행 방식은 직원들에게 열어 놓는다.

'맛있는 혁명'으로 유명한 음식 전문가인 앨리스 워터스Alice Waters는 2014년 타임지가 선정한 세계에서 가장 영향력 있는 100인의 인물 중 한 사람이다. 그녀의 한 측근이 그녀의 리더십을 다음과 같이 표현했다. "앨리스는 자신이 세운 원칙 - 음식 재료의 질과 신선도 - 의 절대적 기준에만 부합하면 이외의 모든 음식에 관련한 내용은 전적으로 직원들의 의견에 따릅니다.”

셋째, 기회를 만드는 자신의 고유한 방식이 있다. 때때로 어떤 리더는 자의적으로 직원들의 잠재능력을 제한한다. 예컨대 어떤 일에는 나이가 어느 정도 이상 또는 이하이어야 하고 어떤 경력이 반드시 필수적이라는 등등. 하지만 포용의 리더는 자신만의 고유한 방식으로 기회를 만든다.

토마스 프리스트 주니어Thomas Frist, Jr. 호스피탈 코퍼레이션Hospital Corporation of America그룹 회장은 전 세계 병원장 중 가장 부자다. 그는 현재 미국과 영국에 162개 종합병원과 113개 의원을 보유하고 있다. 그는 때때로 물리치료사를 요직의 임원으로 발탁하는 것으로 유명하다. 왜냐하면 물리치료사는 누구도 발견할 수 없는 환자의 주요 특징을 밝혀내는 데 비범하다는 것을 알았기 때문이다.

유명한 IT기업인 오라클의 래리 앨리슨Larry Ellison 회장은 회사의 평범한 접수직원Receptionist인 애너키 셀레이의 비범함을 알아채고 프로그래밍을 공부하도록 권유했다. 그리고 고객팀의 매니저로 발탁했고 이후에 그녀는 오라클 영업 부문의 핵심리더가 되었다.

끝으로, 경쟁과 협력 두 마리의 토끼를 잡는 방식이 있다. 자기 조직은 우수한 인재들로만 구성되어 있어 훌륭한 경쟁력을 갖추었다고 자랑하는 리더들이 있다. 하지만 그들 중에서는 조직을 위한 투자에 인색하면서, 진정성 없이 립 서비스만을 날리는 사람도 꼭 있다. 이런 사람은 대개 경쟁을 강조하는 분위기로 몰면서 협력은 닫아버리는 조직을 만든다. 하지만 포용의 리더는 공정한 경쟁과 동시에 협력할 수 있는 고유한 방식이 있다.

모타운 음반사Motown Record Label를 창업한 프로듀서 베리 고디Berry Gordy는 자신과 계약을 맺은 아티스트들이 서로 우정을 맺고 협력하는 환경을 만들면서, 동시에 그들끼리 건강한 경쟁을 유도하여 전체의 음악을 풍성하게 만드는 음악가로 유명하다. 협력과 경쟁이 동시에 발현이 되면 그것이 더 큰 능력이 된다. 우리는 그것을 코호트 효과Cohort effect라고 한다. 다른 사람이 잘 되게 도울수록 그 안에 있는 모든 사람들이 서로를 위해 돕는다는 선순환 효과다. 이것이 바로 다양성을 지향하는 삶이면서 기업이 지향해야 하는 조직이다.

포용의 리더는 현자(賢者)와 지자(知者)를 올바로 선택하는 민감한 능력을 지닌다. 그리고 사람들이 가진 고유한 능력을 구분하고 기회로 전환하는 위대한 능력도 있다. 그는 실행력 못지않게 자신만의 뛰어난 선택 능력을 지니고 있다는 말이다. 그런 의미에서 포용의 리더는 영화감독이며 지휘자이지 화려한 독주자는 아니다.

누가 글로벌 다양성을 다루는 리더인가?

현재 세계 경제의 중심은 변하고 있다. 힘의 균형이 서에서 동으로 옮겨가면서, 두바이 같은 도시는 중동뿐만 아니라 유럽, 아프리카, 인도 대륙의 국제적 비즈니스 허브가 된지 오래다. 싱가폴과 제네바 같은 유사한 다른 허브 도시들도 멀티 문화권Multicultural Place - 다문화권이라고도 부르며 여러 민족이나 국가의 문화가 혼재하는 공간 - 의 다양성으로 새로운 비즈니스들이 계속 생겨나고 있다.

두바이만 보더라도 로컬 사람인 에미리트인은 기껏해야 10% 정도다. 다수가 되는 인도인들이 거의 50%를 차지하지만, 그 외 200여개 이상의 나라와 민족들로 구성되어 있어, 다른 어떤 도시보다도 전 세계적 문화와 다양한 인적 자원이 모여 있다.

멀티 문화권은 단일 문화권과 달라서 사회적인 룰이나 관습이 뚜렷하지 않다. 이것에 익숙하지 않은 리더는 보통 초기에 문화적 갈등으로 적잖은 시행착오를 경험한다. 예컨대 수직적 조직 문화를 가진 한국인이나 인도인, 에미리트인은 리더가 권위를 유지하고 최종적인 의사결정을 할 것으로 기대한다. 반면에 수평적 구조를 가진 유럽인은 리더의 역할이 적절한 정보 공유와 프로세스 관리 중심으로 맞추어져 있다. 미국인은 개인주의 문화여서 업무와 성과 기준이 명확하게 개인을 중심으로 구분되어야 한다. 반면에 필리핀과 같이 그룹 문화에 익숙한 직원들은 개인의 역할이 팀의 목적에 따라 유동적이다.

그래서 다양한 멀티 문화권에서의 리더십 즉 글로벌 다양성 리더십은 보통의 리더십과는 다른 스타일로 상당한 인내와 유연성을 필요로 한다. 안으로는 직원들과 여러 이해관계자들의 다양성이 매우 복잡하기 때문에, 메타 수준의 인지 지도Mental Map - 각 개인의 고유

(출처: Talent Development)

한 사고 지도 - 를 만들어야 할 정도로 높은 난이도의 리더십을 요한다. 게다가 밖으로는 복잡한 경제 환경이나 규제들을 고려하면서 다양성을 경쟁우위로 전환해야 하는 큰 도전에 직면하게 된다.

최근 글로벌 다양성 리더십의 개발 과정을 이론과 사례로 제시한 글이 있어 잠깐 소개하려고 한다.[54] 글로벌 다양성 리더십은 보통 리더의 직접적인 체험 과정들로 얻어진다. 여기서 중요한 것은 '체험들'인데, 리더가 멀티 문화권과 같은 전혀 새로운 환경에서 경험하는 지적, 사회문화적인 모든 중요한 사건들을 말한다. 그것들이 리더의 인내심과 신념을 연속적으로 시험하고 도전하면서, 체화된 확대된 인식이나 변화된 생각들이 리더십 행위로 다시 나타나게 되는 것이다.

아래 빙산 루프Iceberg Loop의 그림은 그 과정을 간단히 보여준다. 빙산은 리더가 속한 멀티 문화권으로, 표면은 문화의 보이는 부분 즉 행동과 같이 눈에 보이는 신호들을 말한다. 빙산의 물밑은 문화의 보이지 않는 부분으로 가치관이나 신념 등을 의미한다. 빙산 루프의 시작은 리더가 그 동안 '정상적'이라고 생각해왔던 것과는 다른 경험을 하면서 부터다. 그러면 루프의 보이지 않는 부분에서 내부의 신념이나 기본적으로 생각했던 가정들Basic Assumptions과 갈등을 하면서 서서히 '정상적'인 생각이 변화하거나 확대된다. 결국 그것은 지속 가능한 체화된 행동으로 나타나게 된다.

예를 들어 설명하면 쉬울 것이다. 양성 평등을 중요하게 여기는 스칸디나비아 출신의 리더가 두바이 지사로 새로 부임했다. 그녀가 머리 스카프로 감싼 에미리트 여성을 팀원으로 처음 만났을 때는 매우 불편했다. 왜냐하면 스칸디나비아의 문화에서는 머리 스카프로 가리는 행동을 억압받는 것으로 여기기 때문이다. 하지만 첫 미팅에서 그녀는 그 에미리트 여성의 당찬 모습과 행동을 보고 적잖이 놀랐다. 또한 머리 스카프가 억압이 아닌 자연스러운 문화적 행위라는 것도 곧 알게 되었다. 이렇게 글로벌 다양성 리더십은 직접적인 체험과 인지 과정을 통하여, 우리가 '정상'이라고 여겨지는 것이 조금씩 더 확대되는 것이다.

우리나라는 아직 두바이 수준의 멀티 비즈니스 문화권은 아니다.

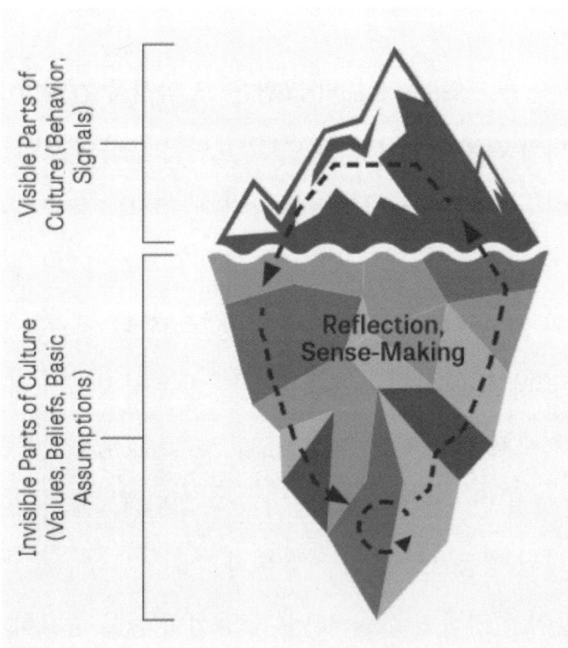

빙산 루프 (출처: Talent Development)

다만 최근 외국인 근로자와 다문화 가정들이 빠른 속도로 증가하면서, 다문화가 사회적인 주제로 주목을 받고 있다. 한편 서울과 인천 같은 대도시는 국제적 비즈니스 기반을 오래 전부터 구축해왔고, 점차 핵심 글로벌 비즈니스 허브로 발전해가고 있다. 지방 도시들도 자치적으로 글로벌화를 수용하면서, 많은 국제 도시들과 결연을 맺고 다양한 문화적, 경제적 교류를 진행하고 있다. 이런 현상은 곧 멀티 문화권 환경으로의 진화가 가속됨을 의미하고, 여기서 글로벌 다양성 리더십은 필수요소가 된다.

멀티 문화권에서 글로벌 다양성을 다루는 리더는, 일반적인 다양성을 다루는 리더보다 확대된 리더십을 보여야 한다. 비록 리더마다 고유한 스타일과 적응력이 다르지만, 이것은 단순한 생각의 확대가 아닌 인내와 내적 갈등, 성찰을 통해 새로운 패러다임을 수용해야 하는 어려운 과정일 수밖에 없다. 하지만 글로벌이라는 넓은 스펙트럼에 담겨진 엄청난 자원의 보고에서, 많은 다양한 사람과 문화가 어우러지는 멀티 문화의 세계는 보다 가치 있는 새로운 비즈니스 기회들을 창조할 것이다.

좋은 리더는 타고난 것이 아니라 만들어지는 것이다

좋은 리더는 타고난 것일까 아니면 만들어지는 것일까? 오래 전부터 회자되었던 이 진부한 질문은 이제는 더 이상 의미가 없을 것 같다. 왜냐하면 오늘날 비즈니스가 계속 진화하고 환경은 복잡해지면서, 좋은 리더의 역할이나 좋은 리더십의 정의 역시 진화할 수밖에 없기 때문이다. 그래서 비즈니스 전문가인 트레이시 젤Tracey Zehl은 좋은 리더는 다양한 사람들이 올바르게 비즈니스를 하도록 영향을 주는 사람으로, 직원들을 어떻게 동기부여 할 것인지 또는 무엇을 권한 위임해야 효율적일지를 항상 고민하는 사람이라고 말한다.[55]

요즘같이 멀티 세대가 함께 일하는 사무실에서 획일적이거나 단방향의 리더십 스타일은 절대 통하지 않는다. 세대마다 문제를 보는 눈이 다르고 업무를 수행하는 방법 또한 다르기 때문에 독재적인 노선이 통할 리 없다. 그래서 그런지 요즘 좋은 리더로 알려진 사람들은 정직이나 투명성, 인간성을 바탕으로 다양성과 포용으로 접근한다. 짐 콜린스는 좋은 리더의 특징 하나를 다음과 같이 말했다. '좋은 리더는 성공을 창문밖에, 즉 자기 자신 외의 요인으로 돌리고 실패는 거울, 즉 자신의 책임으로 여긴다.'[56] 맞는 말이다! 좋은 리더십은 그냥 좋은 생각과 지식만으로 만들어지는 것이 아니다. 오랜 시간과 여러 시행착오를 경험한 후, 자기 성찰과 책임, 신뢰를 바탕으로 얻어지는 것이다.

오래된 이야기지만 1978년 필립모리스의 CEO 조 컬먼Joseph Frederick Cullman III이 주 사업인 담배사업 이외에 식음료 사업에도 관심을 가지면서 야심차게 세븐업Seven-UP을 인수했다. 하지만 얼마안가 판매부진으로 헐값에 매각해야만 했다. 그는 세븐업 실패사례를 철저하게 해부했다. 그리고 그 누구에게도 잘못을 돌리지 않았고 자기 자신에게만 냉철하게 잘못을 돌렸다. 그는 오히려 당시 자기에게 이의를 제기했던 사람들을 공개적으로 칭찬했다. 그리고 그는 말했다. "이 잘못된 결정에 대해서는 내가 책임을 집니다. 그러나 우리가 지불한 수업료에서 최대의 교훈을 뽑아낼 책임은 우리 모두에게 있

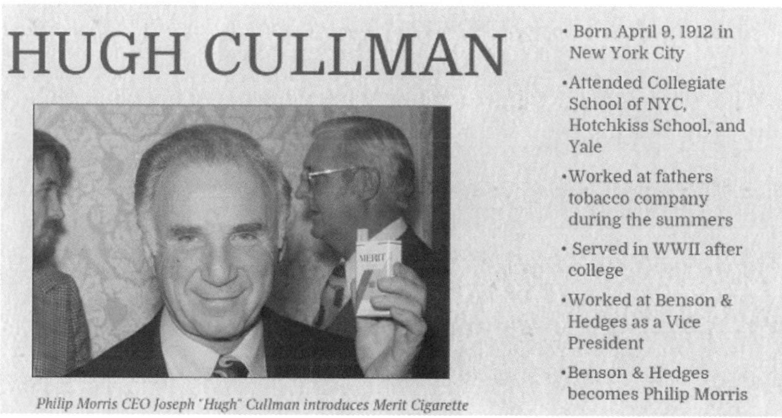

필립모리스의 CEO 조 컬먼 (출처: emaze.com)

습니다." 그는 실패를 비난하기 보다는 오히려 해부를 하면서 진실을 보려 했고, 철저한 자기 성찰을 통해 결국 위대한 리더로 인정받게 된다. 이른바 '말보로맨'으로 잘 알려진 조 컬먼은 그렇게 필립모리스에서 많은 성공과 실패를 경험했던 성숙한 리더였다.

그러면 좋은 리더는 오랜 세월의 경험과 성찰을 통해서만 가능할까? 요즘 젊은 리더들이 배울만한 좋은 리더의 가이드라인은 없을까? 트레이시는 매우 간단한 세 가지 스텝을 제시한다.

첫째, 당신 고유의 리더십 스타일을 정의하라

좋은 리더가 되기 위해서 먼저 리더 자신이 가진 고유한 리더십 스타일을 인지하는 것이 중요하다. 예컨대 앞서 다른 칼럼에서 소개했던 4색 스타일, 즉 개척자, 수호자, 구동자, 통합자 중에서 자신과 가까운 고유한 스타일이 있을 것이다.[57] 중요한 것은 당신의 스타일을 정의한 후에 당신의 리더십을 보완할 수 있는 여러 다른 리더십 스타일을 참조하여 통합하는 것이다.

둘째, 다양성의 통찰을 가진 리더십을 배우라

과거에는 3가지 리더십 스타일이 있었다. 독단적이거나 민주적 아니면 자유방임적Laissez-faire 정도로 구분했다. 그러나 오늘날은 이미 그 차원에서 벗어난다. 구 세기에서나 있을법한 독단적이거나 자유방임은 더 이상 존재할 수 없고, 리더는 업무중심에서 사람중심으로 그리고 그 사이에 존재하는 여러 다양한 범위를 아우르는 사람이 되어야 한다. 짐 콜린스는 위대한 리더들의 특징은 '누구'가 먼저고 그 다음이 '무엇'인 것은 확실하되, 적합한 사람을 버스에 태우고 부

적합한 자들은 얼른 내리게 하는 것이라고 말했다. 즉 사람이 가장 중요한 자산이 아니라 적합한 사람이 가장 중요한 자산이라는 의미다. 업무에 맞는 전문지식이나 배경뿐 아니라 성격상의 특질이나 타고난 소양 등의 다양성도 볼 줄 아는 리더십을 말한다.

셋째, 유연성으로 리드하라

다양성의 통찰로 혁신의 조직을 만들기 위해서는 당연히 유연한 리더십이 필요하다. 예전의 딱딱한 리더십으로는 절대 통하지 않는다. 피터 드러커Peter Drucker는 이미 20세기 말에 리더들이 경계해야 할 함정 중 하나가, 기업은 항상 자신의 경영 아래에 있다는 오만하고 완고한 태도라고 했다. 그는 뉴 밀레니엄의 CEO는 오페라 감독이 되어야 한다고 말했다.[58] 성격이 다른 여러 집단을 조화롭게 만들고 명령자가 아닌 파트너로서의 역할로 직원들에게 다가가야 한다고 말이다. 그래서 현명한 리더는 약간 의도적인 면이 있다 하더라도 상황이나 직원들의 필요에 따라 리더십 스타일을 기꺼이 바꾼다.

여기서 새삼 근원적인 질문이 떠오른다. 리더십이란 무엇인가? 필자는 그것을 한 마디로 정의해서 다양한 사람들이 공동 목표를 향해 전진하도록 살피는 행위라고 말하고 싶다. 19세기 최고의 리더이자 기업가인 강철왕 엔드류 카네기Andrew Carnegie의 묘비명에는 이렇게 쓰여 있다. '여기 자신보다 더 우수한 사람들을 어떻게 다루어야 하는지를 아는 인간이 누워있다.'[59] 이 보다 더 훌륭한 리더십이 있을까?

모두가 이사회 다양성을 원한다

- 이사회 다양성Board Diversity 1

(출처: Harvard Business Review)

대부분의 주주들은 흔히 이렇게 생각한다. 기업의 이사회는 다양한 전문가들의 집단이어서 기업의 성공을 위해 항상 생산적인 논의를 하고, 시장의 복잡한 흐름을 잘 파악하리라는 긍정의 믿음 같은 것 말이다. 하지만 '악마는 디테일에 있다'라고 했던가? 자세히 들여다보면 이사진의 자리는 매우 정적이다. 다시 말하면 매우 선택적이고 여간해서는 바뀌지 않는 자리다. 기업의 중요한 의사결정을 해야 하는 자리인지라, 소위 말하는 전형적인 '케미'를 강조하는 것도 사실이다. 그래서 어떤 이사회는 유사한 사람들로 구성된 특정 사조직처럼 보일 정도다.

최근 한 연구기관의 조사에 따르면, 포춘 250대 기업의 이사진에서 여성은 약 20%를 차지하고, 아프리카계 이사진이 약 7%, 중남미계가 약 3% 정도만을 차지할 뿐이라고 한다.[60] 이 통계만 봐도 오늘날 기업들이 당면한 이사회 다양성이 얼마나 심각한지를 알 것 같다.

게다가 이사회 다양성을 방해하는 몇 가지 요소들이 있다. 먼저 소위 말하는 '디지털 이사', 디지털과 스마트 기술로 무장한 젊은 이사진들의 등장이다. 필자가 자주 언급하는 세대 다양성이 요즘 이사진의 구성에서도 점점 현실화 되고 있는 것이다. 그리고 예상한대로 기존 전통적인 이사진과의 갈등이 이슈가 된다.

또 다른 문제는 이사회 다양성을 외부로 보여주기 위하여 허울뿐인 이사진으로 채우는 경우다. 예컨대 해당 분야에서 오랜 경력이 있는 나이 지긋한 여성 이사를 선임 했지만, 핵심 비즈니스 주제를 논의하는 중요한 의사결정에는 배제시킨다는 것이다.

그러나 똑똑한 리더는 이사회 다양성의 중요성을 잘 안다. 그는 이사회의 다양성을 총 인력 자산의 수익률Return on Human Assets을 만드는 전략으로 생각한다. 즉 재무적인 이익률과 유사하게, 위험을 줄이면서 철저히 이사회 다양성을 성과로 전환하도록 중요한 지표로 관리한다.

한편으로 중요한 것은 최근 선도 기업들을 중심으로 이사회 다양성도 서서히 변해가고 있다는 점이다. 국가나 지역에 따라 다른 트렌드를 보이면서 말이다. 예컨대 미국의 경우, 기존에는 여성과 인종에 대한 이사회 다양성을 중요시 했다. 하지만 최근에 애플 CEO인 팀쿡의 커밍아웃 선언의 영향인지 모르지만, 수 년 전까지만 해도 상상도 못했던 LGBT의 이사진도 서서히 등장하고 있다. 또한 중남미계의 이사진도 조금씩 늘어나는 추세다.

유럽의 경우는 전통적으로 여성에 대한 이사회 다양성을 강조해왔다. 그리고 최근에는 북유럽을 중심으로 인종에 대한 이사회 다양성이 중요한 이슈로 떠올랐고, 민족 다양성도 무시할 수 없는 속성이 되었다.

한편 아시아 기업들은 주로 언어 이슈가 크기 때문에, 이사회의 구성에 있어 우선적으로 민족 다양성을 중요하게 생각하고 최근에는 여성의 이사진 참여가 중요하게 대두된다.

산업에 따라서도 이사회 다양성의 추세가 변하고 있다. 소비재 산업은 고객군을 잘 분석할 줄 아는 전문가들을 이사진으로 참여시켜야 한다는 압력이 강하다. 금융업계는 정부의 규제가 매우 중요한 이슈이고 상황에 따라 계속 변하기 때문에, 규제를 잘 알고 대응하는 전문가가 이사진에 필요하다. 한편 최근 헬스케어 산업에서 여성 이사진이 두드러지는 이유도 여성이 지닌 섬세한 기술적 역량이 중요하기 때문이다.

이제 맨 앞의 논점으로 돌아가 보자. 주주들이나 기업의 많은 이해관계자들은 이사회 다양성을 원할 것이다. 그들은 여러 세대와 여러 인종 그리고 다양한 통찰을 가진 이사진들이 모여서, 혁신적이면서 여러 위험도 잘 관리해 주기를 바라고 있다. 이사진들이 가진 다양한 경험과 통찰의 실체를 테이블에서 가감 없이 드러내고, 진지하게 토론하는 모습을 보기 원한다. 그렇게 된다면 분명 최적의 의사결정을 도출할 것이고 그 결과는 긍정적일 것이라고 믿기 때문이다.

이사회 다양성이 10년을 좌우한다

- 이사회 다양성Board Diversity 2

얼마 전 아마존Amazon이 어느 대주주기업에게 이사진을 다양하게 하라는 요청을 받고 거절했다가 한바탕 혼이 났다. 아마존의 활동적인 대주주인 CtW 투자그룹은 획일적인 아마존의 이사회 구성에 문제점을 지적하며, '루니 룰'과 같은 다양성 법칙을 적용해야 한다고 요청했었다.

하지만 아마존의 이사회는 이사진을 선출하는 방식이 충분히 복잡한 검증 과정을 거치고 있다고 말하면서, 루니 룰과 같은 단순한 정책은 이사진의 시간이나 자원을 중요하게 고려해야 하는 오늘날의 이사회 구성과는 맞지 않는다는 이유를 들었다. 이 말이 단순한 변명이 아니라 진정성 있는 이유라면 필자 자신도 어느 정도는 납득이 간다. 하지만 대주주는 그 이유가 이사회의 획일적인 집단적 사고로 인한 변명으로 파악하고, 재차 강하게 요청을 했고 결국 이사회는 번복하여 다시 받아들이는 해프닝을 만들었다.[61]

2018년을 기준으로 10명으로 구성된 아마존 이사진은 모두 백인이고 그 중 7명이 남성이다. 고위 임원진의 구성도 다른 비슷한 유명 IT업체들과 비교해 봐도 차이가 난다. 애플은 고위 임원진의 68%가 백인 남성이고 구글의 경우는 65% 정도인데 반해 아마존은 74%이다.

사실상 이사회의 내부 문제를 자세히 들여다보면, 성별이나 소수 인종과 같은 인구통계학의 비율을 늘리는 것이나, 루니 룰과 같은 제도를 도입하는 것보다 더 중요한 것이 있다. 이사진의 구성이 절친들끼리만 모여야 한다는 당위성이다. 그 이유는 회사의 중요한 기밀들을 공유하고 회사의 미래에 영향을 주는 중차대한 문제들을 결정해야하기 때문에 다양성이 자칫 위험을 부른다는 것이다. 그러다보니 현실적으로 백인 남성과 같은 특정 다수그룹이나, 아니면 특정 학교 출신과 같은 획일적인 이사진 구성을 만들게 된다. 이사회 다양성은 단지 불편한 관계만을 만든다는 속내가 여기에 있다.

하지만 초경쟁이라는 커다란 변화의 흐름을 타고 있는 오늘의 기업들이, 단지 불편하다는 이유로 이사회 다양성을 무시하는 일은 결

(출처: Harvard Business Review)

코 간과할 수 없다. 왜냐하면 기업의 이사회나 고위임원진의 다양성이 곧 기업의 전체조직으로 확장되어 진화하기 때문이다. 그래서 CtW 투자그룹과 같은 의식이 있는 대주주는 다양한 이사진의 구성을 무엇보다도 중요하게 생각하고 적극적으로 요청한 것이다. 이러한 변화의 기반을 두고, 일부 전문가들이 이사회 다양성에 대한 몇 가지 의미 있는 권고 사항이 있어 공유한다.[62]

첫째는 필자도 여러 번 강조했듯이 이사회 구성에 있어 세대의 관점에 주목해야 한다. 요즘 젊은 CEO도 흔히 볼 수 있지만 이사진의 세대 균형이 매우 중요하다. 특히 밀레니얼 이사진들은 최근의 기술 동향이나 SNS, 새로운 미디어에 쉽게 적응하고 응용하기 때문에, 기존의 아날로그와 디지털의 조화가 무엇보다도 필요한 시기가 되었다.

둘째는 지역적 특성을 고려해야 한다. 글로벌화와 현지시장 확대를 위하여 해당 지역출신의 전문가를 이사진으로 과감히 영입하는 것도 중요한 전략이 될 수 있다. 아무리 시장을 잘 아는 마케팅 전문가도 그 시장에서 경험을 쌓고 그 문화에 체화된 전문가와는 구별이 될 수밖에 없다.

셋째로 산업의 다양성도 고려해야 한다. 만약 헬스케어 산업이면 해당 산업분야 출신으로만 고집하지 말고 금융이나 유통과 같은 다른 산업에서 특별한 리더십을 가진 사람을 영입, 전략에 응용하면 그것은 또 다른 경쟁력이 된다.

마지막으로 고른 전문능력으로 구성되어야 한다. 마케팅, 영업, 인사, 생산, 법무 등 경영의 전문 능력뿐만 아니라, 예술, 디자인, 인문 계통의 전문가들도 영입 하여 다양한 프레임과 렌즈로 문제를 주시할 수 있는 진보된 이사회를 오늘날은 요구한다.

기업의 이사진은 적어도 향후 10년을 내다보고 선임되어야 한다. 단순한 루니 룰을 넘어, 첨단 스마트 기술에 잘 적응하는 세대의 이사진과 시장을 잘 알고 다양한 전문 능력을 갖춘 이사진이, 머리를 맞대고 복잡한 문제를 해결하면서 불확실성에 대응하는 전략을 모색해야 할 때가 된 것이다. 무엇보다도 중요한 것은 기업의 이사회가 솔선수범하여 다양성의 본보기를 보이면 다양성이 자연스럽게 전체 조직으로 확산된다. 그러면 조직은 많은 다양한 생각들이 수반되어 학습이 촉진되고 나아가 혁신으로 진화할 것이다.

미국에서 헬스 업계로 유명한 카이저 그룹Kaiser Permanente의 CEO인 버나드 타이슨Bernard J. Tyson은 이런 말을 했다. "우리는 지금 평등Equality 사회에서 공평Equity 사회로 진화하고 있습니다. 평등 사회는 모두가 똑같이 대우를 받는 사회를 의미하지만, 공평 사회는 누구나 필요한 것을 얻을 수 있는 사회라는 말입니다."[63] 이사회와 같은 리더 그룹이 기업을 다양하고 포용적인 환경으로 만드는 것은 직원들을 그 환경에 맞게 변화시키려는 노력이 절대 아니다. 오히려 직원들이 성공할 수 있는 환경을 모색하면서 리더 스스로가 변하는 것이다.

왜 인지 다양성이지?

- 인지 다양성 1

이제는 인종이나 성별, 나이 등과 같은 인구통계학적 다양성을 말하는 것이나, 다양성과 포용을 함께 언급하는 것에는 꽤 익숙해 있다. 그런데 아직은 덜 익숙하지만 중요한 다양성이 있다. 사람의 보이지 않는 면 즉 생각이나 가치, 일하는 방식 등이 다르다는 것을 의미하는 인지 다양성Cognitive Diversity[64]이다.

인지 다양성의 조직은 직원 각자가 다른 방식으로 브레인스토밍Brainstorming하고, 다른 접근법으로 문제를 바라본다. 기업은 인지 다양성으로 소위 말하는 집단적 사고Group think를 피하면서, 한편으로는 혁신을 꾀할 수 있다. 예컨대 다섯 명으로 구성된 팀은 적어도 다섯 개의 다른 아이디어를 만들어내기 때문이다.

인지 다양성의 중요성을 더 살펴보자. 오늘날의 기업에서 일하는 사람들은 예전보다도 더 도전적이고 복잡한 문제의 해결사가 되어야 한다. 왜냐하면 생산라인과 같이 단순하거나 반복적인 업무의 직업들은 자동화나 인공지능 등의 신기술로 점점 사라지고, 높은 차원의 복잡한 업무만이 주로 사람에게 주어지기 때문이다. 또한 그런 업무는 한 사람이 감당하기도 어렵다. 다양한 사람의 인지들이 모여 여러 아이디어와 해법을 제시해야만 최적의 결과를 도출할 수 있다. 그래서 인지 다양성의 조직이 필요한 것이다. 다양한 세대의 남성과 여성, 여러 인종, 다른 종교와 문화 등 각기 다른 배경을 가진 사람들이 모여, 각기 다른 렌즈를 통해 문제를 바라보고, 다양한 생각의 패턴들을 자유로이 공유하면서 최상의 솔루션을 찾아내는 것, 그것이 바로 다양성 시대를 주도할 전략인 것이다.

인지 다양성의 전형적인 사례로 뉴욕에 위치한 기술 서비스회사인 울트라 테스팅Ultra Testing을 꼽고 싶다.65 이 회사 강령Mission Statement의 첫 문장이 매우 흥미롭다. '우리의 미션은 인지 다양성이 경쟁력이라는 것을 증명하는 것이다. 그러기 위해 소프트웨어 테스트 분야에서 우리의 고객들에게 최고의 우수성을 제공하여 최상의 결과를 이룰 것이다.' 이 회사는 직원의 약 75%가 자폐 장애를 갖고 있다. 흔히 자폐 장애는 정상인과 달라서 보호와 치료를 받아야 하는 사회적 비용으로 여기는 것이 일반적이다. 하지만 울트라 테스팅은 자폐 장애에 가려있는 긍정적이고 강한 인지력 부분을 드러내어, 기업의 주요 업무에 활용하는 방안을 창출해 냈다. 성과를 떠나 그 시도만으로도 높이 평가할 만하다.

CEO인 라제쉬 아난단Rajesh Anandan은 "우리 직원들 각자는 일반 사람과는 매우 다른 독특한 스타일로 업무에 접근합니다. 그들은 업무에 필요한 여러 가지 정보를 다루기 위하여 자신만의 고유한 모델을 개발하지요"라고 하면서 "보통 입사하고 한 달 후면 실제 현장에서 고객 서비스를 진행하고, 일 년 정도 지나면 세계적 수준의 소프트웨어 테스터가 됩니다."라고 말한다.

울트라 테스팅의 직원 각자는 '바이오덱스Biodex'라는 독특한 자기 매뉴얼을 갖고 있다. 바이오덱스에는 그 사람이 선호하는 소통이나 피드백 방식 또는 스트레스 요인 등 도움이 될 만한 정보들이 있다. 그래서 새로운 프로젝트를 시작하기 전에 팀원들은 서로의 바이오덱스를 숙지한다. 각자 서로의 다른 방식을 미리 알게 되면 일하면서 문제가 될 만한 요인들을 미리 차단할 수 있다.

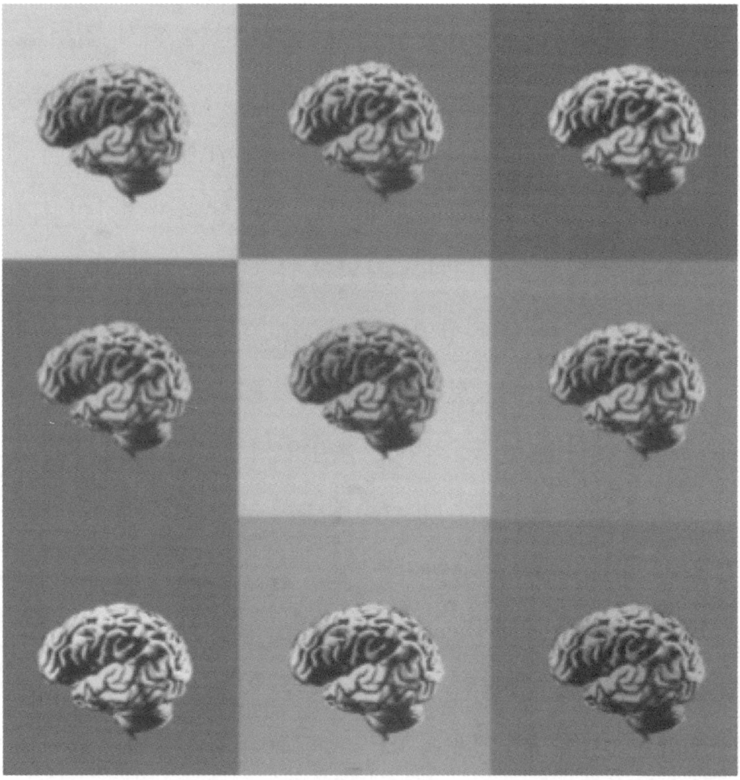

(출처: HR Magazine)

다른 생각들을 존중하고 환영하는 것 자체가 긍정적인 다른 생각이다. 인지 다양성은 좋은 것이지만 잘 다루지 않으면 더 많은 갈등을 초래할 수 있다. 팀원들이 다른 생각들을 공유하면서 긍정적으로 교류하면 풍부한 아이디어가 생길 수 있지만, 그만큼 다른 생각에 대한 부정과, 반대로 인한 심한 논쟁으로 충돌을 겪을 수도 있다는 의미다. 이때 리더의 역할이 중요하다. 상충되는 의견을 조정하고 보다 건설적인 결과가 도출되도록 노력하는 중재의 역할이다.

기업이 인지 다양성을 고려하지 않으면 오늘의 세계에서는 뒤쳐질 수밖에 없다. 어느 인사 전문가는 이렇게 말했다. "지금 우리 기업들이 직면한 문제들은 너무 터프하기 때문에 끊임없이 새로운 아이디어와 옵션들을 생각해 내야 한다. 어떤 이유에서건 만약 당신의 팀이 똑같은 생각들로 가득 차 있다면 그것은 곧 실패를 의미한다." 이것은 미시간 대학의 스콧 페이지Scott Page 교수가 "같은 사람이 복제된 열 명의 사람은 오늘날 기업에서는 별 도움이 안 된다."라고 말한 것과 같은 얘기다.

인지 다양성이 정말로 성과에 긍정적일까요?

- 인지 다양성 2

지난 10년을 되돌아보자. 많은 기업들이 성별이나 세대, 인종 또는 학연이나 지연 등의 획일적인 관계 중심의 조직을 지양하고, 전략에 맞는 능력 중심의 조직을 구성하려는 시도가 있었다. 여성들이 요직에서 활동하고 연공서열이 무너지면서 젊은 리더들의 등장도 자주 목격된다. 또한 사무실에도 외국인 직원들이 눈에 띄게 많아진 것도 실감한다.

많은 학자들은 기업 조직을 다양하게 구성하면 더 창의적이고 생산적이라고 말한다. 그런데 최근 어느 연구에서 인구통계학적 다양성보다는 인지 다양성만이 직접적인 상관관계가 있다고 주장해 눈길을 끌었다.[66] 비즈니스 전문가인 알리슨 레이놀드Alison Reynolds 박사와 데이비드 루이스David Lewis 박사는 기업의 임원, MBA 학생들, 과학자, 교사, 청소년 등 다양하게 구성된 그룹들을 12년 동안 100번 이상의 실험을 실시했지만, 인구통계학 다양성과 성과와는 서로 상관관계가 없었고, 대신에 인지 다양성과는 의미 있는 결과가 있음을 밝혀냈다.

인지 다양성을 측정하기 위해 심리학자이자 비즈니스 컨설턴트인 피터 로버트슨Peter Robertson이 개발한 'AEM cube'라는 도구를 활용했다. 사람의 인지 다양성을 두 가지 변수를 사용하여, 새로운 변화나 도전이 발생했을 때 사람들이 어떻게 다르게 인식하는지를 측정한 것이다.

지식 프로세싱 Knowledge Processing: 새로운 변화가 발생했을 때, 기존의 지식을 잘 통합하는 것을 선호하는 정도와 새로운 지식을 만들어내는 것을 선호하는 정도

관점Perspective: 새로운 도전 상황이 일어났을 때, 자신의 전문성을 드러내는 것을 선호하는 정도와 다른 사람의 아이디어나 전문성을 잘 조화시키는 것을 선호하는 정도

본 실증 연구는 6개의 팀을 구성하고 새로운 도전이 될 만한 업무를 부여하여 100번 이상의 실험으로 진행하였다. 각 팀원들의 지식 프로세싱과 관점을 기준으로 얼마나 빨리 업무를 완수하는지를 성과로 측정한 것이다. 결과적으로 인지 다양성과 성과가 매우 의미 있는 상관관계가 있다는 것을 다음의 그림과 같이 보여줬다.

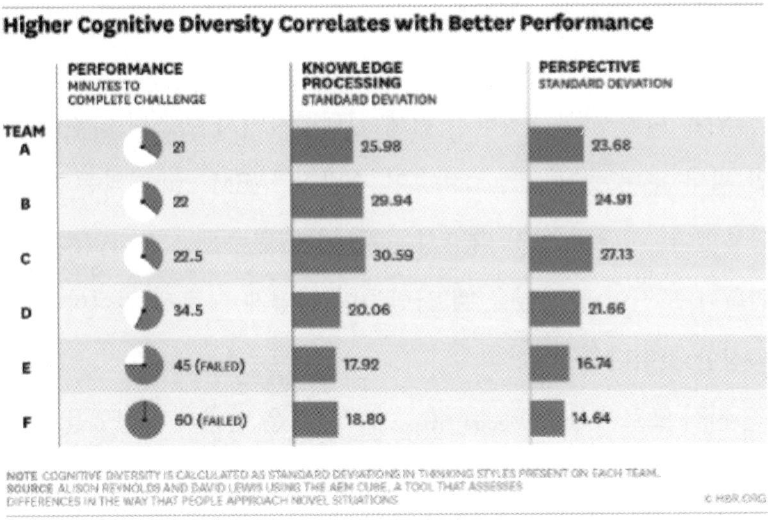

인지 다양성과 성과의 실험 결과 (출처: Harvard Business Review)

A, B, C의 팀은 지식 프로세싱이나 관점에서 표준 편차가 높다. 즉 비교적 인지 다양성이 높은 팀인 것을 의미한다. 반면에 D, E, F의 팀은 상대적으로 낮은 인지 다양성, 두 변수의 표준편차가 낮은 팀으로 구성되었다. 결과는 인지 다양성이 높은 A, B, C 팀이 D, E, F팀보다 더 빠른 시간 안에 주어진 업무를 완수하여 높은 성과를 뚜렷이 보여 주었다. 본 연구를 위해 구성한 6개의 팀은 매 실험마다 가변적이었을 것으로 추측되고, 새로운 도전이 되는 업무가 무엇인지 구체적으로 보고서에는 밝히지 않았지만, 100번 이상의 다른 업무와 실험을 통해 얻은 결과임을 한 번 더 강조하고 싶다.

우리는 새로운 도전에 직면했을 때, 그 문제에 관해 우리가 이미 아는 것은 무엇이고 또한 어떤 것을 더 알아낼 필요가 있는지, 대개 그 사이에서 해결책을 찾는다. 그리고 어떤 특별한 자신의 전문성으로 문제에 임하는 사람이 있고, 다른 사람의 전문성을 잘 살려서 문제를 해결하려는 사람도 있다. 또 어떤 사람은 한 발 물러서 큰 그림을 보면서 해결의 실마리를 찾으려고 한다. 인지 다양성은 눈에 보이지는 않지만 복잡한 경영 상황에서 직원 서로가 학습을 촉진하는 도구가 되고, 결국 여러 지식과 관점들이 조화를 이루면서 성과를 높이는 훌륭한 전략적 요소가 된다.

인지 다양성의 속성을 알아야 전략이 보인다

- 인지 다양성 3

과학자들은 사람의 인지적 선호도가 대개 어릴 때 형성되고, 이미 형성된 후에는 교육이나 문화 또는 사회적인 배경으로도 잘 변하지 않는 상당히 견고한 상태를 유지한다고 말한다. 또한 살아가면서 가정과 여러 사회 조직에 영향을 주고 마찬가지로 자신이 속한 기업 조직에도 무시할 수 없는 영향을 끼친다.

앞서 필자는 기업이 경쟁우위를 지키기 위해 왜 인지 다양성이 중요한지 그리고 과연 성과에 긍정적인지를 살펴보았다. 다음으로는 기업이 인지 다양성을 어떻게 전략적으로 활용하는가의 문제다. 여기에는 기업이 꼭 기억해야 할 두 가지 인지 다양성의 속성이 있다. 그것이 어떻게 다루어지는지에 따라 다양성 전략의 성공 여부가 달려있다.

첫째로 인지 다양성은 보이지 않는다. 특히 우리가 잘 아는 성별이나 나이, 인종 등과 같은 다양성은 겉으로 잘 드러나는 반면 인지 다양성은 쉽게 드러나지 않는다. 실제로 외부에서 어떤 사람이 새로운 멤버로 들어왔을 때 그 사람의 인지 다양성을 바로 파악하는 것은 어렵다. 그래서 기업은 어떻게 인지 다양성을 자연스럽게 드러내어 조화를 이룰 것인지에 대한 전략적 고민이 필요하다.

앞서 인지 다양성을 연구하기 위해 여러 실험을 했던 알리슨 박사와 데이비드 박사는 어느 생명과학 회사의 연구원들을 대상으로 다양성과 성과의 관계를 실험했다.[67] 각 팀은 성별이나 나이, 인종 등이 고르게 분포되어 눈에 보이는 다양성은 매우 양호했다. 그리고 실험을 위한 업무도 그들의 전문분야인 생명과학을 주제로 했기 때문에 긍정적인 성과를 기대했다. 하지만 예상과는 달리 결과는 매우 좋지 않았다. 나중에 알고 보니 낮은 인지 다양성이 문제였다. 팀원들이 자기의 주장만을 고집하고 아무런 인지적 조화의 노력이 없었기에 일이 제대로 마무리되지 않았던 것이다.

반대로 같은 성별이나 비슷한 세대, 같은 학교출신으로만 구성된 동질의 팀을 대상으로 성과 실험을 했는데 오히려 매우 높은 성과를 보여주었다. 그 이유를 살펴보니, 동질의 팀이 더 높은 인지 다양성을 보이면서 서로에 대한 학습 효과와 조화를 위한 관계 친밀성이 컸기 때문이었다.

인지 다양성의 또 다른 중요한 속성은 문화적인 벽의 존재이다. 우리가 의도하건 안하건 기업 조직에서 인지 다양성을 제한하는 문화적인 벽이 형성된다. 예컨대 어떤 팀장이 팀원을 채용할 때 자신과 유사한 생각이나 비슷한 성격을 가진 사람에게 끌리는 경우가 흔히 있다고 한다. 이런 채용이 반복되면 그 조직은 결국 획일적으로 변할 수 있다. 이 현상을 심리학자들은 기능적 편견Functional Bias이라고 한다.

기능적 편견으로 가득한 조직은 불확실하거나 복잡한 상황에서 문제를 입체적으로 보는 능력이나, 다른 차원의 방식으로 해법을 찾는 능력 또는 새로운 옵션을 만들어내는 능력 등이 현저히 떨어진다. 또한 변화나 혁신을 위한 제도를 도입할 때도 종종 그 제도를 지지하는 옹호자만을 찾거나, 심지어 기존 직원들을 아예 지지자들로 교체하려는 시도도 한다. 그래서 기능적 편견과 같은 문제를 극복하기 위해서는 채용 과정이나 조직의 형성 과정에서부터 인지 다양성을 고려하고, 조직 내에서 다른 생각들이 자유롭게 소통하도록 장려해야 한다.

한편 아무리 인지적으로 다양하게 구성된 조직이라도 조직 문화 자체가 획일적이면 이 또한 문제가 된다. 예컨대 독단적 리더십 문화나 엄격한 상하계급 문화 등이 강하면 그것에 순응해야 하는 압력 때문에 인지 다양성이 제대로 기능을 발휘하지 못한다. 더 큰 문제는 이런 현상이 보통 무의식적으로 일어난다는 것이다.

다음의 그림은 새로운 전략을 수행하는 어느 본부조직의 32개 팀의 팀장들을 대상으로, 팀장 자신이 평가하는 인지 다양성과 부하직원들이 평가하는 자신의 인지 다양성을 AEM cube를 활용하여 비교한 것이다. 왼쪽 차트는 자신의 평가이고 오른쪽은 부하직원들의 평가다. 결과는 부하직원들이 평가하는 객관적인 결과가 훨씬 낮은 인지 다양성을 보여준다. 이렇듯 인지 다양성은 무의식적으로 문

팀장 그룹의 인지 다양성 실험 결과 (출처: Harvard Business Review)

화적인 벽에 의해 실제보다 과대평가되는 경향이 있어, 결과적으로 그 효과가 제한될 수 있다는 것을 명심해야 한다.

만일 당신이 리더이고 인지 다양성이 성공을 위한 필수적 전략이라고 판단한다면, 직원들이 어떤 생각이나 스타일도 자유로이 표출하도록 격려해야 한다. 또한 복잡한 이슈들의 해법을 찾기 위해 여러 가지 다른 방식을 시도하는 것도 장려해야 한다. 그러면 자연스럽게 직원들은 심리적 안정성Psychological Safety, 즉 서로가 위험을 감당하려는 의지를 보이면서 다양성의 힘이 발휘되고 성공적인 팀워크를 형성하게 된다. 리더십이란 무엇일까? 먼저 자신이 되는 것이다. 그리고 다른 사람들이 그 자신이 되도록 돕는 것이다.

미래 비즈니스는 기술과 다양성의 조화다

지난 20년을 한번 되돌아보자. 한때 미국발 금융위기가 세계의 경제 질서를 흔들어 놓았던 적도 있었지만, 디지털 정보기술의 발전은 인간 생활의 패러다임을 완전히 바꾸어 놓았다. 이로 인한 기업들의 경제적 글로벌화는 더욱 가속되고 대내외적인 변수들이 너무 많아져서, 이제는 실로 한치 앞을 예측하기도 쉽지 않은 환경이 되었다. 그래도 우리는 이 질문을 꼭 한다. 향후 가까운 미래에 비즈니스 환경은 어떤 모습으로 변할까?

이 질문에 관하여 컨설팅 회사인 PwC가 글로벌 리더들을 중심으로 인터뷰 한 결과가 흥미로웠다.[68] 크게 두 가지 의견이었다. 하나는 인공지능Artificial Intelligence과 같은 첨단 기술이 계속 발전하여, 종국에는 기계가 사람들의 여러 직업을 대체할 것이라는 두려움 섞인 의견이 있었다. 다른 하나는 역설적으로 사람이 조직에서 더욱 중요한 자원이 될 것이라는 의견이다. 가까운 미래든 먼 미래든 기술과 사람이 둘 다 중요한 자원이 되어 발달할 것이라는 얘기다.

좀 더 구체적으로, 향후 기업은 디지털 기술에 의한 비즈니스 혁신을 최상의 목표로 둘 것이고, 혁신을 위한 핵심인력들은 더 늘어날 것이라고 다수의 리더들은 예상했다. 반면에 사람이 담당했던 상당수의 단조로운 업무들이 기계로 대체될 것이고, 이것으로 해마다 약 2조 달러의 비용을 절감할 것이라고 했다. 결국 사람에게는 기계가 할 수 없는 복잡한 일들이 맡겨지기 때문에 더 높은 수준의 기술과

그림 이연우

능력을 요구하게 된다.

그래서인지 대부분의 리더가 인터뷰에서 가장 중요한 능력으로 문제해결 능력을 꼽았고, 새로운 비즈니스 환경에 대한 적응력을 그 다음으로 생각한 것은 어쩌면 당연한 얘기다. 한편 많은 리더가 이러한 인력구조를 갖추기 위해서는 다양성과 포용이 가장 중요한 과제라고 말했다. 빠르게 변화하는 환경에서 발생하는 복잡한 비즈니스 문제들은 그야말로 슈퍼 문제들이라는 것이다. 이전에는 슈퍼맨 같은 강력한 리더나 몇몇 개인이 해결할 수 있었는데, 오늘날 발생하는 문제의 수준은 그렇게는 거의 불가능하다. 다양한 배경과 능력을 가진 인력들이 다른 아이디어를 내놓고, 서로 친밀히 소통해야만 슈퍼 문제들을 해결할 수 있다. 그리고 이것이 바로 미래 비즈니스의 경쟁력이다.

그러면 기업은 어떻게 다양성과 포용 전략을 만들어 가야할까? 먼저 최적의 다양한 인력들로 조직을 새롭게 디자인해야 할 것이다. 성별이나 세대, 인종 등과 같이 보이는 다양성뿐만 아니라, 다른 산업에서의 경험이나 다른 교육적인 배경 그리고 다른 가치관 등, 보이지 않는 인지 다양성도 고려하면서 조직을 설계하면 곧 최적의 아이디어 창고가 될 것이다.

다음으로는 여러 다른 아이디어가 존중받고 자유롭게 표출되면서, 서로 간에 학습될 수 있는 분위기를 조성해야 한다. 이것을 우리는 '다양성 환경Diversity Climate'이라 부른다. 경영학적으로 다양성 환경의 의미는 조직원 개개인이 다양성의 가치를 인정받고, 공정성과 더불어 조직 생활에 통합되었다는 인식의 정도를 말한다. 기업이 다양성 환경을 잘 유지하면 그것이 곧 포용의 문화가 되고, 누구든지 팀에 새로 들어왔을 때 중요한 능력자로 존중을 받게 된다. 이것이 바로 오늘의 기업들이 준비해야 할 조직 문화의 참 모습이다.

여기서 더 주목해야 할 것이 있다. 발전하는 기술과 다양한 인력의 조화만이 전부가 아니라, 비즈니스 발전에 위협이 되는 요소들도 잘 살피고 적절히 대응해야 한다. 얼마 전까지만 해도 리더들은 보통 미래 경제의 불확실성이나 빠른 기술 변화에 대한 적응력 등이 중대한 위협이라고 말했다. 하지만 요즘은 생각하지 못했던 또 다른 위협 요소들이 생겨났다. 예측이 어려운 갖가지 사이버 위협들과 이를 대처하기 위한 과잉 규제들이 비즈니스 발전에 큰 걸림돌인 것이다. 그렇다고 불확실성이나 기술 적응력에 대한 위험이 사라지거나 개선되는 것도 아니다. 다만 오늘날 비즈니스의 과제와 도전들을 감당하기 위해서는 다양성과 기술 혁신뿐만 아니라 철저한 보안과 위험관리로도 무장해야 한다는 말이다.

지난 20년의 변화는 인간들의 삶에 참으로 많은 문명의 혜택을 주었고 즐거움을 선물로 주었다. 하지만 기술의 발달과 변덕은 지속적으로 기업에게 새로운 도전을 던지며 서둘러 앞서갈 것이다. 이럴 때 다양한 사람들이 서로 협력하면서 앞서가는 기술을 붙잡아 조각가가 조각상을 다루듯이 조심스럽게 다듬어 가면, 보다 발전된 미래 비즈니스의 모습을 볼 수 있을 것이다.

도대체 인공지능이 다양성과 무슨 관계가 있나요?

인공지능이 점점 우리의 일상과 밀접해지고 있다. 수년 전 인공지능 바둑으로 대표되는 알파고와 모 유명 바둑 기사와의 한판 싸움에서 알파고가 승리했던 사건이, 우리가 인공지능의 능력을 실감했던 큰 계기였던 것 같다. 그 이후로 기계가 인간을 지배할 것이라는

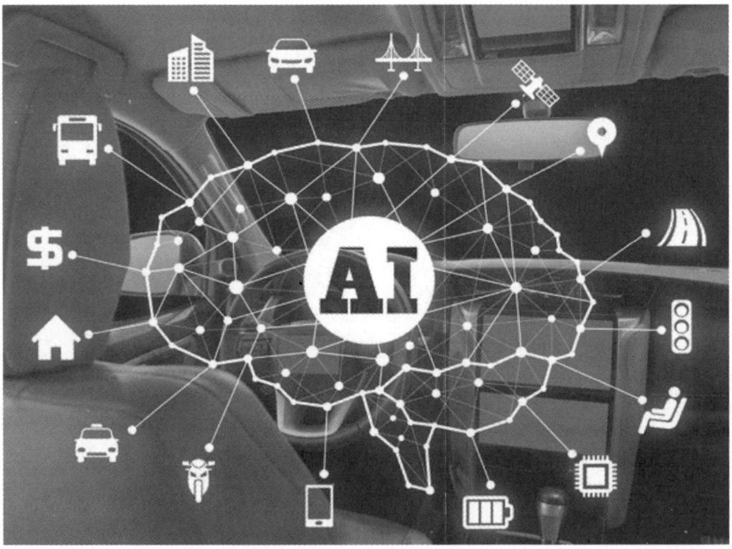

(출처: Automotive Electronics)

상상과 가상의 논리들이 쏟아져 나오고, 인공지능이 많은 일들을 대체하면서 오래지 않아 실직자들이 거리에 넘칠 것 같은 기세였다. 2016년에 미국 백악관에서 발간한 '인공지능의 미래에 대한 대비 Preparing for the Future of Artificial Intelligence'라는 보고서에서도 인공지능을 활용한 자동화 기술로 인해 시급 $20이하 직업의 83%가 사라질 것이라고 예측했다.

사실 인공지능의 활용분야는 꽤 넓다. 우리가 매일 접하는 인터넷 포털이나 소셜미디어, 통신과 홈어시스트 분야, 건강과 예술 분야, 여행, 범죄예방에 이르기까지 각종 생활 서비스에 지속적으로 도입되고 있다. 이쯤에서 한 가지 중요한 질문이 생긴다. 만약 이렇게 유용한 기술에 고의든 아니든 바이어스Bias가 존재한다면 무슨 일이 일어날까? 좀 더 구체적으로, 인공지능의 설계나 응용 개발에 특정 부류의 연구자만이 참여하여 무의식적인 바이어스가 내재되어 있다면 우리 생활에 어떤 영향을 미칠까?

이 SF와 같은 질문에 관련하여 최근에 인공지능 설계 전문가인 팀닛 게브루Timnit Gebru의 인터뷰 기사가 눈길을 끌어 소개하려고 한다.[69] 그녀는 왜 인공지능 기술에 바이어스가 생기는지 또한 그것에 어떻게 대응할 지를 주로 논의했다. 필자도 이미 바이어스 즉 편견은 다양성을 인정하고 수용하는데 싸워야 할 최대의 적이라고 말했다. 편견과 싸우기 위해 때로는 자기의 생각도 포기해야 한다고 말이다.[70] 특히 그녀의 인터뷰는 다양성 문제와 신기술과의 직접적 관계를 주제로 다루었기 때문에 큰 관심이 간다.

먼저 왜 인공지능에 바이어스가 생길까? 사람의 근본적인 속성 때문이다. 사람은 의식적이든 무의식적이든 고유한 바이어스를 갖고 있다. 인공지능 설계자들도 마찬가지다. 설계하는 사람들 자체가 다양하게 구성되지 않으면 그들이 설계한 인공지능 모델 또한 바이어스가 생길 수 있다. 결국 인공지능은 모든 사람들을 대변하는, 즉 일반화된 모델이 더 이상 될 수 없다. 이 사실은 인공지능이 우리의 생활을 편하게 해주기도 하지만, 반대로 이른바 '자동화 된 바이어스'가 범람하여 우리 생활에 큰 위협이 될 수도 있다는 말이다.

그러면 인공지능 모델의 바이어스를 최소화하기 위해 어떻게 해야 하나? 설명을 위해 약간의 전문적인 기술 용어들을 써야하는 불가피함을 독자들은 이해해주기 바란다. 크게 두 가지 설계 모델을 따라야 하는데, 하나는 모델 안에 데이터 세트, 즉 다양성에 해당하는 속성 정보들을 다각화하고, 다른 하나는 설계자 집단을 다양화하는 방법이다. 이 두 가지 과정을 모두 따라야 포괄적인 모델을 설계할 수 있다.

한 가지 방법론으로 인종이나 성별, 세대 등과 같은 다양성의 속성 데이터에 서로 다른 관련된 주석들을 만들어서 다각화한다. 그리고 그 모델을 지속적으로 여러 서브그룹들을 대상으로 테스트하여 최적의 모델을 찾아내는 방법이다. 또 다른 방법론으로는 파일럿 테스트를 해보는 것이다. 그것은 본 프로젝트를 진행하기 전에 소규모의 임시 테스트 모델을 만들어, 어떤 바이어스가 있는지 또는 잠재적인 위험 요소가 있는지를 미리 확인하는 방법으로 매우 유용하다.

하지만 문제는 여전히 존재한다. 무엇보다도 인공지능의 실용에 대한 명확한 표준Standard이나 가이드라인이 없다는 것이다. 예컨대 잠정적인 위험을 초래할 수 있는 정보들은 인공지능에 적용되지 못하도록 제한하거나, 어떤 특정 업무에는 정확도가 얼마 이상이 되어야 적용할 수 있다는 등의 기준이다. 그렇지 않으면 무적의 인공지능이 와일드한 인간 세계에서 어떤 활개를 치고 다닐지는 아무도 모른다.

팀닛은 인터뷰에서 이렇게 말했다. "2016년에 제가 신경 정보 처리 시스템 학회Neural Information Processing Systems, NIPS의 멤버로 본격

Timnit Gebru (출처: MIT Technology Review)

적인 활동을 시작했을 때, 누군가 이 단체에는 8500명의 멤버가 있다고 하더군요. 그런데 그 중에 흑인은 고작 저를 포함해 6명이었죠. 앞으로 이 분야는 급격하게 성장할 것이고 사회의 모든 요소요소에 영향을 줄 것입니다. 8500명중에 6명이라는 사실만으로도 이 단체는 다양성을 얘기할 자격조차 없지요. 그래서 저 혼자라도 뭔가를 해야 한다고 생각했습니다. 왜냐하면 지금은 비상 상황이기 때문이지요."

현재 인공지능의 바이어스와 표준 문제를 두고 기술적인 노력도 시도하고, 여러 단체나 기업들도 다양성 문제를 놓고 고민한다고 하지만, 얼마나 심각하게 중요성을 인지하고 있는지는 아직도 의문이다. 사실상 진짜 문제는 인공지능 분야가 계속 성장하여 인간 생활의 전반으로 자리를 잡은 후에 생길 수 있다. 그 때 바이어스 문제로 인한 사고가 터진다면 한 순간에 패닉 상태를 초래할 수도 있다. 마치 전체 은행의 전산망이 동시에 멈추면서 모든 경제생활이 멈추는 것처럼 말이다.

대부분 신기술이 나오면 법과 윤리에 관한 사항은 잘 다룬다. 그런데 다양성의 문제는 거의 신경 쓰지 않는 것 같다. 우리는 지금 인공지능의 다양성 위기에 직면해있다. 인공지능을 그저 우리 생활을 편리하게 해주는 하나의 기술로만 치부하지 말고, 이제라도 다양성의 일반화된 모델을 갖추도록 뭔가를 대비해야 할 때다.

미래의 다양성을 대비하라

최근에 미 통계국U.S. Census Bureau이 1960년부터 2060년 1세기 동안, 미국의 인구통계 예측을 했다. 백인은 85%에서 43%로 줄고 반면에 흑인과 히스패닉 인구가 45%로 인구의 주류가 될 것이라 한다.[71]

우리나라의 통계청에서도 유사한 인구 통계의 예측이 있었다. 2015년부터 2065년까지의 예측이다.[72] 우리는 단일 민족이 주류여서 미국처럼 민족적인 변화는 크지 않을 것으로 예상하지만, 대신에 인구의 감소와 세대 간의 이동이 크게 변화할 것으로 예측했다. 인구는 2015년 약 5100만 명에서 2031년을 정점으로 감소하기 시작해, 2065년에는 1990년대 수준인 약 4300만 명으로 감소할 전망이다. 특히 중요한 15~64세의 생산가능인구도 2065년에는 현재의 약 60% 수준으로 예측했다. 반면에 고령인구는 2025년에는 현재보다 2배, 2065년에는 3배 가까이 증가할 전망이라 한다.

물론 미 통계국이나 우리 통계청의 발표는 어디까지나 예상 수치다. 과거에서 현재의 추세를 모델로 예측한 것이기에 반드시 그렇게 될 것이라는 보장은 없다. 하지만 분명한 것은 민족 간이나 세대 간 이동의 흐름이 매우 빠르다는 것이다. 그러한 변화를 무시하거나 적절히 대응하지 않으면 자칫 사회적으로나 경제적으로 심각한 혼란이 올 수도 있다. 물론 우리나라의 경우 출산장려를 위한 과감한 복지나 노동, 교육 등 세심한 정책으로 살필 것이라 믿는다. 단지 필자는 미래의 다양성과 기업의 측면으로 이 문제를 생각해 본다.

일부 다양성 전문가들은 기업이 인구통계학적 변화에 따른 미래의 민족이나 인종, 세대 등의 다양성에 주목하여 고객 전략을 수립해야 한다고 충고해왔다. 기업이 미래의 다양성을 예측하지 못하면 지속 가능한 가치사슬을 얻지 못하기 때문이다. 또한 기업은 다양한 소수 커뮤니티에도 관심을 가져야 한다고 말한다. 전 세계적으로 LGBT와 같은 소수 공동체나 여성들의 사회 활동 범위는 지속적으로 늘어날 것이다. 우리나라의 경우도 특히 다문화 공동체가 더욱 커질 것으로 필자는 예상한다.

기업이 미래의 다양성에 주목해야 하는 이유는 단순히 잠재적인 위험 때문만은 아니다. 많은 학자들은 다양성이 기업 전략과 연계되면 영업과 매출에 긍정적인 영향을 미치고, 기업의 브랜드 가치에 직접적인 영향을 준다고 실제로 증명했다. 미국의 사례를 보자. 미국 소비자의 구매력만 봐도 히스패닉 인구의 구매력이 2014년에 1.3조 달러로 2000년 이후 155% 성장했다. 전체 평균 구매력이 71% 성장한 것과 비교된다. 또한 흑인의 구매력도 1.1조 달러로 86% 성장했다.

최근 맥킨지 보고서에서도 이러한 민족 다양성Ethnic Diversity을 전략으로 활용한 기업은 다른 기업들보다 약 35% 정도 더 나은 성과를 보였다고 한다. 그 이유는 의외로 단순하다. 다양성을 활용한 기업이 더 창의적이고 문제해결 능력도 더 뛰어나다는 것이 첫째 이유다. 다음으로 해당 민족의 직원과 고객이 매칭이 되어 더 나은 고객중심 경영을 할 수 있었다고 한다. 이 상황에서 직원 만족도는 당연히 좋아질 수밖에 없다. 그래서 리더는 항상 어떻게 다양성 친화Diversity Friendly 기업으로 변화할 것인지 고민해야 한다고 보고서는 전했다.

미국과 달리 우리 기업의 경우는 먼저 세대 다양성Generation Diversity에 주목해야 한다고 필자는 강조했다. 여전히 기업 안에서 활동하는 전통세대나 베이비부머, X-세대 그리고 밀레니얼 세대는 각각 자라온 배경이나 기술적 환경 그리고 국제화 수준이 서로 다르다. 이런 특징을 무시하고 기존의 획일적인 경영 스타일로 밀어붙이면 갈등을 일으키기 쉽다. 그래서 지금은 기업이 각 세대의 특성을 고려한 융합적인 다양성 제도나 정책이 요구되는 시점이다.

또한 세대 간의 빠른 이동도 반드시 주목해야 할 부분이다. 생산가능인구가 2016년을 정점으로 줄어들기 시작했고 2020년부터는 해마다 33만 명의 베이비부머가 은퇴한다고 한다. 기업들이 임금피크제 등 여러 제도를 도입하고 있지만 이것만으로는 부족하다. 각 기업은 어떻게 은퇴하는 세대의 중요한 지적 자산을 젊은 세대들에게 전수할 것인지 등의 전략적 해법을 마련할 필요가 있다. 관련하여 필자의 칼럼 '공존하는 4세대를 어찌해야 하나'를 참조하기 바란다. 그리고 고객의 관점에서 2025년에 고령화 인구가 현재의 두 배가 된다는 것을 고려할 때, 고령화 세대 고객을 대비한 마케팅 전략도 매우 중요해진다.

다음으로 우리 기업들이 고려해야 할 미래의 다양성은 다문화 그룹이다. 우리의 생산가능인구가 빠르게 감소하고 고령인구가 늘어나면, 노동 인력 수급의 문제가 생긴다. 그리하여 외국인 노동자의 유입이 현재보다도 빠르게 증가할 것으로 예상된다. 우리 정부의 자료[73]에 따르면, 2005년에 국내 외국인 추세가 약 74만 명이었고 이후 노동력 부족이 가속화되어 2016년에 200만 명을 넘었다. 그리고 2021년에는 300만 명을 넘어설 것으로 예측했다. 우리나라는 미국과 같은 다인종, 다민족국가는 아니어서 인종이나 민족 간의 급격한 인구통계의 변화는 없겠지만 다문화 가정은 지속적으로 늘어날 것이다.

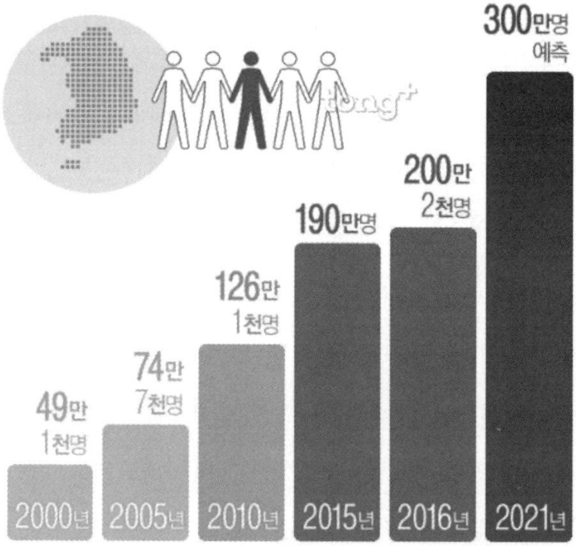

연도별 국내 체류 외국인 현황 (출처: 법무부)

혹자는 이렇게 질문한다. 현재의 다양성 상황도 인지하지 못하는 기업들 - 특히 우리나라의 토종기업들 - 도 여전히 많은데 어찌 미래까지 예측하는 다양성 전략을 수립할까? 물론이다. 기업이 현재에 당면한 다양성의 문제를 먼저 파악하고 전략과 연계하는 것이 최우선 과제다. 미래의 다양성은 그 다음으로 고려해야 할 스텝은 맞다. 그러나 적어도 인구통계학적인 다양성의 변화를 예측하여 중장기 전략에 활용하는 기업은, 그렇지 않은 기업보다 경쟁우위에 서게 될 것이라는 것도 자명하다. 현명한 리더라면 가까운 미래에 확실히 예상되는 변화부터 파악하여 다양성 전략에 적용할 것이다. 그리고 점점 더 높은 곳으로 올라가 더 멀리 보면서, 변화를 예측하고 기업의 미래 가치사슬을 파악하면서 새로운 시장을 엿볼 것이다.

종교 다양성도 고려해야 할까요?

필자는 인지 다양성에 관하여 그 중요성을 자주 언급했다. 왜냐하면 다양성에서 생각과 스타일의 차이가 그 어떠한 외향적인 차이보다도 조직이나 사회생활에 영향을 많이 주기 때문이다. 그래서 주로 인지 다양성을 왜 고려해야 하는지, 어떤 속성들이 있고 그것들이 기업 조직이나 성과에 어떻게 영향을 주는지 등을 주제로 논의했다.

그림 이연우

그러면 한 걸음 더 나가서 사람마다 생각과 스타일의 차이는 왜 생기는 걸까? 그것은 개인의 가치관이나 신념과 밀접한 관계가 있다. 경영학적으로 다양성의 범주를 설명할 때, 가치관이나 신념의 차이를 이해하고 존중하는 것을 '가치적 다양성Value Diversity'이라고도 정의한다.[74] 그러면 가치관과 신념은 어디에서 오는 걸까? 그것의 원천 중 하나가 바로 종교다.

여기서 종교라고 말하는 것은 우리가 생각하는 일반적인 종교, 즉 교회나 사찰과 같은 장소에서 신에 대한 의식을 올리는 구체적인 행위가 있는 종교뿐 아니라, 보다 광의의 개념으로 사람이 절대적으로 믿고 의존하는 가치나 특별한 조직 관계, 절대적 대상 등 초월적 영성을 나타내는 것들을 포함한다. 종교적 신념은 주로 사람이 어렵고 힘든 문제에 봉착했을 때 제도적이든 아니든 간에 두드러지게 나타난다. 이것이 바로 기업 등 조직 내에서 종교 다양성을 간과할 수 없는 이유다.

하지만 대부분의 리더들은 종교적 문제를 개인사라는 이유로 언급하거나 다루는 것을 꺼린다. 그렇지만 조직에서 벌어지는 갖가지 복잡하고 어려운 일들에 종교적이고 정신적인 신념이 동반되는 것을 알면서도 그냥 지나칠 수는 없는 노릇이다. 오히려 사람들의 서로 다른 종교적 신념을 상투적이거나 피상적으로 대응하면 그것이 더 큰 갈등의 원인이 될 수 있다.

사실상 사회 경제적 조직 안에는 종교적인 사람들이 우리가 생각한 것보다 훨씬 많다. 2008년 미국의 SHRMSociety for Human Resource Management에서 조사한 결과에 의하면, 미국 직장인의 약 90%가 적어도 어느 수준의 종교적 신념을 갖고 있는 것으로 나타났다.[75] 하지만 높은 수준의 다양성을 제도화한 기업들도 여전히 여러 가지 이유로 종교 다양성을 포함시키지 않고 있다. 일부 기업은 문화 다양성의 교육 프로그램에서 종교를 다루는데 매우 피상적인 내용들, 즉 종교의 역사나 전통, 의식 등의 정보 전달 수준이다.

한편 SHRM 보고서는 1998년과 2008년 사이에 직장에서 종교적 편견으로 인한 불만이 69%나 증가했다고 전한다. 이유를 정확히 밝히지는 않았지만 이 사실은 다른 다양성 문제, 즉 인종이나 민족, 성차별적인 문제들보다도 심각한 추세인 것만은 확실하다. 아마도 그 10년 사이에 사회가 더 복잡해지고 다원화 되면서 인간적인 한계에 부딪히는 도전들이 더 많아졌기 때문이 아닐까 필자는 판단한다. 어쨌든 이제는 종교 다양성을 다른 다양성과 유사하게 기업의 다양성 관리에 포함시켜야할 때가 온 것이다.

리더십 전문가인 레이몬드 츄Raymond B. Chiu 박사는 종교 다양성을 연구하면서 직장인들이 직장생활에서 가장 불안하게 느끼는 네 가지 경우를 제시했다. 첫째는 자신의 정체성에 대하여 협박이나 냉대를 받을 때, 둘째는 어떤 사람과 공고했던 신뢰관계가 붕괴되었을 때, 셋째는 미래가 불확실한 업무를 배정받았을 때, 마지막으로 상사나 리더의 무능력이 드러났을 때라고 한다.

이렇듯 극단적 문제에 봉착하면 사람들은 종교적으로 해결 방법을 찾으려 한다. 그리고 사람마다 절대 믿음이 다르기 때문에 종교적인 대응범위도 넓고 그 표출되는 행위도 다양할 수밖에 없다. 이 과정에서 다른 종교에 대한 오해와 편견이 작용하고 결국 갈등으로 이어진다. 특히 종교적 편견은 무의식적으로 대중매체나 언론 등을 통하여 잘 생기기 때문에 더욱 주의를 요한다.

중요한 것은 종교 다양성을 이해하는데 현실적으로 시간이 걸리지만, 정확한 인지와 공감의 소통을 동반하면 긍정적 변화도 가능하다는 점이다. 직장이나 조직 내에서 종교적 신념과 같은 부분을 서로 공감하고 인정하면 오히려 훌륭한 팀워크로 전환할 수 있다고 레이몬드 박사는 말한다. 특히 조직이 심각한 문제에 직면했을 때 의외의 특별한 해법들이 제시될 수도 있다는 것이다.

인지 다양성과 마찬가지로 종교 다양성으로 우리는 집단적 사고를 탈피하거나 혁신을 위한 기반도 마련할 수 있다. 무엇보다도 직원들이 조직을 더 잘 이해하고 인화와 응집력을 만드는데 매우 중요한 역할을 한다. 그래서 종교 다양성이 리더십 개발에도 중요한 주제가 되어야 함은 물론이다.

인생에서 꽤 많은 시간을 보내는 우리의 일터는 다양한 사람들이 좋든 싫든 어울리면서 살아가야 하는 곳이다. 거기에는 갖가지 다양성이 존재하고 서로 부딪히면서 갈등을 초래할 수도 있고, 서로 배우면서 발전적 분위기로 만들 수도 있다. 다양성을 경쟁과 차별이 아닌 학습과 혁신으로 이해하고 수용하면, 더불어 종교와 가치, 신념과 같은 높은 수준의 다양성까지 활용한다면, 그러한 다양성 전략은 누가 뭐래도 기업의 경쟁 우위를 위한 잠재적 보고요 원천이 될 것이다. 나아가 더 나은 세상으로 가는 가교 역할을 할 것이 틀림없다.

감사의 글

이 책을 위해 너무 많은 분들의 도움을 받았습니다. 먼저 바쁜 정치 일정에도 기꺼이 추천사를 써 주신 오랜 형님, 임재훈 의원께 감사드립니다. 또한 서평을 써주신 김관영 원내대표님, 김해동 회장님, 서민원 부총장님, 성상현 교수님께 깊이 감사드립니다.

항상 격려와 조언으로 힘을 주시는 포이에마 예수교회 신우인 목사님과 보잘 것 없는 칼럼들의 모니터링으로 수고하신 에이레네 청년들, 독서동호회원분들, 여러 성도님들께 감사의 말씀을 전합니다.

그리고 쉽지 않은 상황에서도 책이 나오게끔 수고해주신 서울경제경영 김은중 대표께 특별한 고마움을 지면으로나마 표합니다.

최종 모니터링 요원으로, 평생의 조력자로 곁에서 도와준 사랑하는 아내, 김현희 선생과 음악적 영감으로 다양성을 표현하고 싶다는 큰 딸 지우, 표지 그림과 여러 삽화들을 그리느라 애써준 둘째 딸 연우에게도 고마움과 사랑을 전합니다.

마지막으로 이 기쁨을 누릴 수 있도록 도우시고 역사하시는 하나님께 모든 영광을 드립니다.

▶▶ 주

Part 1. 공존(共存), 그리고 다양성

1 "기도의 정석", 신우인, 포이에마

2 뉴스타파 김진혁 미니다큐 Five minutes, https://newstapa.org/23015

3 "기도의 정석", 신우인, 포이에마

4 "비빔밥의 리더십", 성상현, Korea Employers Federation, 2011.03.

5 Thomas, D. A.(2004), Diversity as strategy, Harvard Business Review, 1-10.
Thomas, D. A., & Kanji, Ayesha (2004), IBM's diversity strategy: bridging the workplace and the marketplace, Harvard Business Review, 1-27.

6 JTBC뉴스룸 기사, 2015. 01.04.

7 "차이와 차별은 어떻게 달라요?", 네이버 지식백과, 2011.

8 "비빔밥의 리더십", 성상현, Korea Employers Federation, 2011.03.

9 "행복한 이기주의자(Your Erroneous Zones)", 웨인 다이어, 21세기북스

10 "새로운 미래가 온다(A Whole New Mind).", 다니엘핑크, 한국경제신문

11 "마르틴 부버", 박홍규, 홍성사

12 "아직도 가야할 길", 스캇 펙, 율리시즈, 114p.

13 오라클 웹사이트,
http://www.oracle.com/us/corporate/careers/diversity/pride-week-1559371.html

14 "동성애 주지사.. 무슬림 女의원 2명 탄생.. 아웃사이더의 반란", 동아일보 2018.11.08.
https://news.v.daum.net/v/20181108030045035?f=m

15 "팀 쿡, 동성애자 커밍아웃", Business Post, 2014.10.30.
http://www.businesspost.co.kr/BP?command=article_view&num=5980

16 "동성애, 마지막 금기를 탐사하다", JTBC '이규연의 스포트라이트', 2012.09.05.
http://news.jtbc.joins.com/article/article.aspx?news_id=NB11020922

17 "천재 중 동성애자가 많은 이유는?", 중앙일보, 2012.02.10.
https://news.joins.com/article/7334387

18 "기도의 정석", 신우인, 포이에마

19 "Psychological Perspectives on Workplace Diversity", Handbook of Workplace Diversity, SAGE

20 "아직도 가야 할 길", 스캇 펙, 율리시즈

21 "한국인은 미쳤다", 에리크 쉬르데주, 북하우스

22 "저 하늘에서도 이 땅에서처럼", 스캇 펙, 포이에마

23 "임대주택 사는 걔, '캐슬' 사는 우리 애랑 같은 길로 못 다녀" , 서울신문, 2018.11.25.

24 "꼭 같은 것보다 다 다른 것이 더 좋아", 윤구병, 보리

25 "참 어처구니없는 교육의 획일성", 파란편지, http://blog.daum.net/blueletter01/591847

26 "교육의 새로운 바람", 김성천, http://ivfgcf.tistory.com/312 [IVF 학사회]

27 "핀란드의 실험", EBS 지식채널e

28 베르나르 위니에, OECD 교육국, 2006 PISA 책임 관리자
29 칼럼 "이보시게 우린 너무 치열하게 살았네"
30 "비빔밥의 리더십", 성상현, Korea Employers Federation, 2011.03.
31 2016년 4월3일 이찬수 목사의 주일설교 중에서
32 네이버 지식백과
33 네이버 지식백과
34 "기다리는 행복", 이해인, 샘터
35 "새로운 미래가 온다(A Whole New Mind).", 다니엘핑크, 한국경제신문
36 "탈무드형 인간의 끝없는 도전", 김하, 토파즈
37 "탈무드형 인간의 끝없는 도전", 김하, 토파즈
38 "행복한 이기주의자", 웨인 다이어, 21세기북스
39 "탈무드형 인간의 끝없는 도전", 김하, 토파즈
40 "다윗: 현실에 뿌리박은 영성", 유진 피터슨, 한국기독학생회출판부
41 "저 하늘에서도 이 땅에서처럼", 스캇 펙, 포이에마
42 "아직도 가야 할 길", 스캇 펙, 율리시즈

Part 2. 비즈니스, 그리고 다양성

1 "From bolted-on to built-in, Crossing the Divide-Intergroup Leadership in a World of Difference", Castleberry-Singleton, Candi (2009), Harvard Business Press, 187-202.
"A framework for pursuing diversity in the workplace", Delong, Thomas (2007), Harvard Business Review, 1-10.
2 "유럽연합(EU)에 있어서 남성과 여성의 대우의 평등", 채형복(2001), 국제지역연구(한국외국어대학교 한국학종합연구센터, 5(1), 149-170.
3 "여성과 취업", 고용노동부(2010), 고용노동부 여성고용과 www.molab.go.kr, 1-325.
4 "외국인고용허가제의 문제점과 개선방안", 고준기(2005), 법과 정책연구, 5(1), 209-233.
"외국인노동자 송출국가의 현황과 정책-고용허가제하의 인력송출 국가 중심으로", 조성환(2007), 한국민족연구논집, 28, 54-64.
5 "한국정부의 Affirmative Action 정책", 권경득, 김동원, 김영미, 나운환(2005), 한국인사행정학회보, 4(1), 23-52.
6 "Team personality diversity, group creativity, and innovativeness in organizational teams", Bechtoldt, M. N., De Dreu, C.K.W., & Nijstad, B. A. (2007), The Fondazione Eni Enrico Mattei Series, SUSDIV Paper 1.
"Cultural intelligence as a prism between workforce diversity and performance in a modern organization", Karma, Kadri, & Vedina, Rebekka (2009), Review of International Comparative Management, 10(3), 527-542.
"Unraveling the effects of cultural diversity in teams: a meta-analysis of research on multicultural work groups", Stahl, G. K., Maznevski, M. L., Voigt, A., & Jonsen, K. (2009), Journal of International Business Studies, 41, 690-709.

7 "Are workplace diversity and inclusion important?", Pegues, H.(2009), Corridor Business Journal, 12-19.

8 "다양성 수준과 다양성 통합 전략이 기업 성과에 미치는 영향에 관한 연구", 이종구(2013), 서울과학종합대학원대학교, 14-16.

9 "한국 기업의 다양성 관리와 기업성과", 노동시장차별과 적극적 고용개선조치I, 성상현(2006), 한국노동연구원,3(7), 208-241.

10 "Top Executives In Corporate Diversity", Derek T. Dingle, Black Enterprise, 2018.03.

11 "희귀병 딸 돌보는 아빠요청에 CJ 제일제당이 개발한 '햇반' 제품", 인사이트, 2018.10.23.

12 "CJ제일제당, '햇반 저단백밥' 국내제품 유일 '200대 혁신제품' 선정", 소비자경제 (http://www.dailycnc.com)

13 "Why Diverse Teams Are Smarter" David Rock and Heidi Grant, Harvard Business Review, 2016.11.

14 A study published in the Journal of Personality and Social Psychology

15 A study published in the Personality and Social Psychology Bulletin, Katherine Phillips of Northwestern University

16 A study published in Innovation: Management, Policy & Practice

17 Published in Economic Geography

18 "For Women and Minorities to Get Ahead, Managers Must Assign Work Fairly", Joan C. Williams and Marina Multhaup, Harvard Business Review, 2018.03.

19 "Rethinking Diversity", Alfredo Castro, American Society for Training & Development, 2013.02.

20 "Diversity & Inclusion: All Talk, No Action?", American Society for Training & Development, 2014.06.

21 "한국 기업의 다양성 수준, 전략 그리고 기업 성과," 이종구, 고영희(2012), 전문경영인연구, 2012년 12월호, 제15권 제3호.

22 "Are Employee Resource Groups Good for Business?", HR Magazine, 2016.09.

23 "Creating a Culture Where Employees Speak Up", Sylvia Ann Hewlett, Harvard Business Review, 2016.01.

24 "Pioneers, Drivers, Integrators, And Guardians", Suzanne M. Johnson Vickberg And Kim Christfort, Harvard Business Review, 2017.03.

25 "Why Companies Should Add Class to Their Diversity Discussions" Joan C. Williams, Marina Multhaup, and Sky Mihaylo, Harvard Business Review, 2019.09.

26 http://www.hani.co.kr/arti/society/society_general/867774.html

27 "A few super individuals can't solve everything", Margaret Heffernan, People Management

28 "새로운 미래가 온다(A Whole New Mind)", 다니엘핑크, 한국경제신문, 2005.

29 "Cultural diversity at work: The effect of diversity perspectives on work group processes and outcomes", Ely, R. J., & Thomas, D. A., 2001, Administrative Science Quarterly, 46, 229-273.

30 "When member homogeneity is needed in work teams: a meta-analysis", Bowers, C. A., Pharmer, J. A., & Salas, E., 2000, Small Group Reseach, 31(3), 305-327.
"Impact of highly and less job-related diversity on work group cohesion and performance: a meta-analysis, Webber, S. S., & Donahue, L. M., 2001, Journal of Management, 27(2), 141-162.
"Diversity: Making all the difference", Retrieved Nov.8, 2008, from http://www.xerox.com/go/xrx/template/009.jsp?view=Feature&Xcntry=USA&Xlang=en_US&ed_name=Careers_Diversity

31 "Does Diversity Actually Increase Creativity?", Tomas Chamorro-Premuzic, Harvard Business Review, 2017.07.

32 "다양성 전략", 이종구, 서울경제경영, 2016.

33 "Challenges Of Globalisation", Leadership Excellence Essentials, 2016. 01.

34 "The 3 Types of Diversity That Shape Our Identities", Celia de Anca and Salvador Aragón, Harvard Business Review, 2018.05.

35 기업의 경쟁우위가 지속되는 시간이 점점 짧아지는 상황

36 "Making difference matter: a new paradigm for managing diversity", Ely, R. J., & Thomas, D. A. (1996), Harvard Business Review, 1996.09.
"Managing cultural diversity : implications for organizational competitiveness", Cox, T. H., & Blake, S. (1991), Academy of Management Executive, 5(3), 45-56.
"Global diversity and inclusion at Royal Dutch Shell(A)", Sucher, Sandra, J., & Corsi, Elena, Harvard Business Review, 2011.
"다양성관리의 실태 및 다양성관리가 조직의 성과에 미치는 영향", 임희정(2010), 생산성논집, 24(3), 181-217.

37 "Diversity & Innovation", Novid Parsi, HR Magazine, 2017.02.

38 "How to Position Yourself as a Diverse Candidate", Rochelle Campbell, National Association of Corporate Directors, 2016.07.

39 "KAREN BLACKETT", Hannah Gresty, Director Publications

40 "Women leaders rise to the top", Joan Toth, Beverage Industry, 2016.05.

41 "#LeadLikeAGirl: Ignite Your Impact as a Leader!", Tacy Byham, Chief Executive Officer, DDI, Leadership Excellence Essentials, 2017.07.

42 "한국 대기업 여성 임원 비율 아·태 20개국 중 '꼴찌'", 한겨레, 2017.05.21.

43 "More women promoted to corporate executive positions", Korea Herald, 2018.01.28.

44 "The Need For Gender Diversity In Technology", Holly Grogan, Leadership Excellence Essentials, 2016.08.

45 "CEO says diversity doesn't matter", Samantha Sales, People management

46 "Regina Dugan", FastCompany.com, 2017.02.

47 "Improving Diversity Rates at Pinterest", Candice Morgan, Harvard Business Review, 2017.07.

48 "Wisdom of the Ages", Susan Milligan, HR Magazine, 2014.11.

49 "Age Is No Issue", Patty Gaul, Talent Development, 2018. 02.

50 "We Are All Gen Z, Y and X", Kathryn Mitchell, HR Magazine, 2016.12.

51 "멀티플라이어 이펙트", 리즈 와이즈먼, 한국경제신문사

52 "전략적 다양성 관리를 위한 다양성 통합요인에 관한 연구 - 오라클 사례를 중심으로", 이종구, 고영희, KBR, 2013년 5월호, 제17권 제2호.

53 "4 Ways Managers Can Be More Inclusive", Sydney Finkelstein, Harvard Business Review, 2017.07.

54 "The Sense-Making Loop", Peter Byebierggaard and Beth Yoder, Talent Development, 2017.05.

55 "Three tips for becoming a better leader", Tracey Zehl, OT Communications, 2016.

56 "좋은기업을 넘어 위대한 기업으로(Good To Great)", 짐 콜린스, 김영사

57 칼럼 "당신은 4색 스타일 중 어떤 스타일인가요?"

58 "넥스트 소사이어티(Next Society)", 피터 드러커, 한국경제신문

59 "자기경영노트", 피터 드러커, 한국경제신문

60 "Moving The Needle On Board Diversity", Clarke Murphy, Corporate Board, 2015.09.

61 "What Amazon's Board Was Getting Wrong About Diversity and Hiring", Stefanie K. Johnson, Harvard Business Review, 2018.05.

62 "Diversifying Diversity", Jena Abernathy, Trustee, 2014.04.

63 "What 11 CEOs Have Learned About Championing Diversity" Stefanie K. Johnson, Harvard Business Review, 2017.08.

64 때로는 'Neurodiversity'라고도 함.

65 "Think Different", Melanie Padgett Powers, HR Magazine, 2018.06.

66 "Teams Solve Problems Faster When They're More Cognitively Diverse", Alison Reynolds and David Lewis, Harvard Business Review, 2017.03.

67 "Teams Solve Problems Faster When They're More Cognitively Diverse", Alison Reynolds and David Lewis, Harvard Business Review, 2017.03.

68 "Not a Matter of Man or Machine, but Man and Machine, The future will rely on both", Patty Gaul, Talent Development, 2017.04.

69 "Q+A Timnit Gebru", Jackie Snow, MIT Technology Review

70 칼럼 "선입견과 편견과 싸우는 것이 다양성의 삶이다"

71 "Diversity Engagement", NACD Directorship, 2015.03.

72 "2015년-2065년 인구통계예측", 통계청, 2016.12.

73 "국내 체류 외국인 전체 인구 3.9%… 그 중 중국인 비중 50.6%", 통플러스, 2016.08. https://m.post.naver.com/viewer/postView.nhn?volumeNo=4889716&memberNo=10005291&vType=VERTICAL

74 "다양성 수준과 다양성 통합 전략이 기업 성과에 미치는 영향에 관한 연구", 이종구(2013), 서울과학 종합대학원대학교

75 "The Case for Religious Diversity, Raymond B. Chiu, Ivey Business Journal, 2018.03.

다양성 시대

2019년 6월 3일 | 1판 1쇄 인쇄
2019년 6월 7일 | 1판 1쇄 발행

지 은 이 | 이종구
발 행 인 | 김은중
발 행 처 | 서울경제경영출판사
북 디 자 인 | (주)우일미디어디지텍

주 소 | 03767 서울특별시 서대문구 신촌로 205, 506호
전 화 | 02)313-2682
팩 스 | 02)313-8860

등 록 | 1998년 1월 22일 제5-63호

ISBN 979-11-6282-049-0 93320 정가 13,000원